Autor

Jürgen von der Lippe, Jahrgang 1948, ist eine der bekanntesten
Persönlichkeiten der deutschen Unterhaltungsbranche.
Vor 48 Jahren stand er zum ersten Mal auf der Bühne, hat mehr
Alben produziert als die Beatles und hat seit 41 Jahren nebenbei
auch ein wenig Fernsehgeschichte geschrieben. Er hat alle wichtigen
Preise bekommen, den Grimme Preis und die Goldene Kamera
gleich zweimal. Neben gelegentlichen Ausflügen zum Film und
auf Theaterbühnen schreibt der umtriebige Altmeister seit etlichen
Jahren Bücher, die regelmäßig auf den Bestsellerlisten landen,
mittlerweile sind es 15. Wenn es ihm gefällt, liest er ab und an
auch mal ein Hörbuch ein – auch dafür gab es schon Preise.
Nach seinem Romandebüt *Nudel im Wind* von 2019
erschien 2022 *Sex ist wie Mehl. Geschichten und Glossen.*

Autorin

Monika Cleves ist seit mehr als einem Dutzend Jahren
Jürgen von der Lippes Fachkraft für Pointen- und Textwesen.
Sie lebt in Bochum.

Jürgen von der Lippe
Monika Cleves

Verkehrte Welt

PENGUIN VERLAG

Die Originalausgabe erschien 2010
unter dem Titel *Verkehrte Welt* bei Eichborn.

Penguin Random House Verlagsgruppe FSC® N001967

3. Auflage 2024
Copyright © 2023 by Penguin Verlag
in der Penguin Random House Verlagsgruppe GmbH,
Neumarkter Straße 28, 81673 München
Umschlaggestaltung: bürosüd
Umschlagillustration: © Nastja Holtfreter (www.nastjaholtfreter.de)
Satz: Uhl + Massopust, Aalen
Druck und Bindung: GGP Media GmbH, Pößneck
Printed in Germany

www.penguin-verlag.de

Inhalt

BANKGEHEIMNIS

Ich hatte gerade mein Kärtchen in den Kontoauszugsdrucker gesteckt, als ein maskierter Mann die Bank überfiel.

»Geld her«, sagte er erstaunlich leise, fast schüchtern, warf einen Jutesack über das Panzerglas und nestelte in seiner Jackentasche. Die Waffe, was auch immer das sein mochte, steckte offensichtlich so unglücklich darin fest, dass er sie nicht herausbekam. Die Nerven, dachte ich und wollte ihm schon zu Hilfe eilen, da hörte ich den Kassierer laut auflachen: »Geld? Was für Geld? Guter Mann, lesen Sie denn keine Zeitung? Wir haben nichts mehr. Nada. Niente. Nothing.«

»Sie nehmen mich wohl nicht ernst?«, gab der Maskierte zurück.

»Nein, kein Scherz«, erwiderte der Bankangestellte gut gelaunt und erhob sich von seinem Stuhl. »Kommen Sie herum, ich zeig Ihnen gerne unseren Safe. Nichts mehr da. Ebbe. Selbst die abgepackten Geldbündel mit manipulierten Scheinen für Überfälle hat man uns weggenommen.«

»Tja«, sagte seine Kollegin, mitleidig mit den Schultern zuckend, »da kann man nix machen.« Dann faltete sie sorgfältig den Jutebeutel zusammen und schob ihn durch die Geldschleuse zurück.

»Mist! Das ist doch ein Komplott, man hat sich gegen mich verschworen, immer dasselbe, hab langsam die Faxen dick«, hörte man den Unglückswurm brabbeln, während er sich den Strumpf vom Kopf zog und auf dem Absatz kehrtmachte. Die tiefe Enttäuschung in seinem Gesicht rührte mich. Ich lief ihm nach und rief: »Hey, Sie haben Ihren Beutel vergessen, Herr Beck!«

Ich kannte ihn aus dem VHS-Kurs »Dachgeschossausbau – gewusst wie«, wo er mich mit seinem Vortrag über den problemlosen Umgang mit Architekten und Handwerkern ermutigt hatte, dem »Im-Sommer-zu-heiß-und im-Winter-zu-kalt«-Effekt auf den Grund zu gehen.

Er drehte sich um; ich reichte ihm den Beutel, und er wischte sich damit seine Tränen von der Backe.

»So schlimm war das nun auch wieder nicht, Herr Beck«, tröstete ich ihn, »stellen Sie sich vor, was mir letztens auf einer kleinen Postbank passiert ist. Es war kurz vor Mittag, ich wollte schnell den Pokergewinn vom Wochenende aufs Sparkonto einzahlen, und als ich dem Beamten das Sparbuch und die 8000 über die Theke schiebe, zieht der plötzlich eine Pistole, stellen Sie sich das mal vor. Der hat mir alles abgeknöpft, Portemonnaie, Brieftasche, selbst den Ehering, und bevor ich gehen durfte, musste ich ihm sogar noch einen ...«

»Sagen Sie nichts, ich weiß Bescheid, dasselbe ist mir auch passiert. Ich wollte bei der Dresdner Bank was abheben, da zeigt der mir eine Flasche ›Kleiner Feigling‹ und sagt frech: ›Hier drin ist der Ebola-Virus! Wenn Sie einen anderen Tod sterben möchten, dann stellen Sie mir jetzt mal flott einen Barscheck über Ihr gesamtes Guthaben aus, oder ...‹ Na ja, wir haben noch ein bisschen erzählt und uns zum Nordic Walken verabredet. Vielleicht klappt's ja, natürlich nur, falls sie ihm nicht die Stöcke klauen.«

ALTE LIEBE

Sie trafen sich zufällig bei der Eröffnung einer Ausstellung im Museum für Zeitgenössische Kunst wieder und begrüßten einander herzlich mit gegenseitigen Umarmungen und Oberarmboxen.

»Das ist ja ein Ding, Mann, wir haben uns doch bestimmt 20 Jahre nicht gesehen!«, sagte Hape, inzwischen selbst ein berühmter Maler.

»Wenn das mal ausreicht«, lachte Bruno.

»Männer, es sind exakt 25 Jahre, ich weiß es genau«, korrigierte Christian, dessen Gedächtnis wie eine Rechenmaschine funktionierte, weshalb er zu Recht die Leitung des Stadtarchivs innehatte. Gemeinsam gingen sie durch die Ausstellung, handelten luzid die Qualität der gezeigten Werke ab und genossen die alte Vertrautheit, die ihr gemeinsames Kunstinteresse rasch hatte auferstehen lassen. Sie hatten damals jede Menge saugute Zeit miteinander verbracht, bis sie erkannten, dass sie blöderweise alle in dieselbe Frau verknallt waren, aber das war lange her.

»Und, was treibt ihr so zum privaten Vergnügen?«, fragte Hape, nachdem sie sich im Foyer etwas zu trinken beschafft hatten.

»Im Augenblick guck ich mir am liebsten bei YouTube ›Malen mit Bob Ross‹ an«, erzählte Bruno, der als Chef-Produktdesigner einer Weltfirma im Elektroniksektor Auszeichnungen und die entsprechende Bezahlung einfuhr.

»Jau, ich erinnere mich«, lachte Hape, »der war rattenscharf.«

»Genau«, kicherte Christian, »hab ich mir in den Siebzigern auch angeguckt, wie der mit seiner Afro-Mähne immer den Pinsel stakkato gegen die Staffelei schlug, pak pak pak pak pak.«

»Heute ist das Kult«, Hape schüttelte kaum wahrnehmbar den Kopf, »ich häng auch bei YouTube und schau mir die alten Folgen mit dem Koch aus der Muppet-Show an.«

»Smörebröd, Smörebröd, römpömpöm«, ahmte Christian laut das Erkennungslied der kochenden Puppe nach und fing sich einen kritischen Blick des Museumsdirektors ein.

»Mein Liebling«, fuhr Hape unbeirrt laut fort, »ist die Folge, wo er schon die Shrimps in den Topf geworfen hat, und drei andere Shrimps kommen herein, so mit mexikanischen Hüten auf und Demoschildern mit VIVA ZAPATA, und befreien die!« Hape lachte Tränen.

»Jetzt sag nicht...«, wandten Hape und Bruno sich an Christian. »Doch, doch«, gab dieser zu, »ich auch, bin auch regelmäßig bei YouTube und zieh mir die alten Kottan-Folgen rein.«

In diesem Moment setzte sich die Eingangsdrehtür in Bewegung, wehte erst einen Schwall kalter Luft herein und dann sie, Sina. Die drei Freunde standen da wie vom Blitz getroffen, vom Donner gerührt und anschließend vom Defibrillator wieder ins Leben zurückgeholt. Das war nicht mehr die sinnliche 17-Jährige, die sie vor einem Vierteljahrhundert um den Verstand gebracht hatte, und doch kannten sie jede Falte, jede Pore, jede Hautunreinheit nicht nur ihres aufreizend verlebten Gesichts, sondern auch ihres von fremder Meisterhand gestrafften Körpers. Denn die Filmchen mit Sina hatten die meisten Klicks auf YouPorn, YouTubes versauter Schwester, bei der Hape, Bruno und Christian so gut wie jeden Abend vorbeischauten, nachdem sie ihr Nostalgieprogramm absolviert hatten.

»Ich muss nach Hause, zu Frau und Kindern«, sagte Bruno, der als Erster sprechfähig aus dem Staunkoma erwachte.

»Ich muss auch los«, sagte Christian und blickte auf seine 15 000-Euro-Breitling, »es ist schon zwanzig nach neun, und ich habe Katrin versprochen, spätestens um zehn zu Hause zu sein. Sie muss morgen früh raus, sie ist Krankenschwester, wisst ihr, und wir frühstücken immer gemeinsam. Das ist so ein Ritual von uns, das ist wegen der Wechselschicht enorm wichtig für unsere Beziehung, das versteht ihr sicher«, reihte er nervös Satz an Satz und überprüfte dabei mit der rechten Hand den Sitz der Haare, die, schräg über den Schädel gekämmt, die drohende Glatze camouflierten.

»Feiglinge«, Hape schüttelte wieder den Kopf, »jetzt entspannt euch doch mal. Ihr habt sowieso keine Chance mehr.« Er deutete mit dem Kopf in Sinas Richtung. Neben ihr stand jetzt der blendend aussehende junge Mann, der nach ihr hereingekommen war. Sie unterhielten sich angeregt und kamen direkt auf sie zu. Sie wandte den Blick von ihrem juvenilen Begleiter, und freudiges Erkennen blitzte in ihren jadegrünen Augen auf: »Nein, ich werd nicht mehr«, rief sie ehrlich entzückt, »das Strebertrio, Bruno, Chris und Hape! Darf ich euch meinen Sohn vorstellen? Giovanni, diese drei Jungs waren mal hinter deiner alten Mutter her. Mensch, Hape, wenn ich damals gewusst hätte, dass du mal wo Riesen für ein Bild abgreifst! Bruno, du bist 'ne große Nummer in der Werbung, hab ich gelesen, und was machst du, Chris?«

»Ich leite das Stadtarchiv.«

»Super, das ist immer eine sichere Sache, wenn die Stadt nicht gerade eine U-Bahn baut, wie damals in Köln.«

Chris lächelte freudlos.

»Und was machst du, Sina?«, fasste sich Hape als Erster ein Herz.

»Ihr werdet lachen, ich habe mich mit Pornos dumm und dusselig verdient und leite seit einiger Zeit eine eigene Produktionsfirma; Giovanni ist mein Geschäftsführer. Wir produzieren Pornos für Frauen.«

»Ah, das ist dann so ähnlich wie bei Iris Berben und ihrem Sohn, der produziert ja auch, oder?«, fragte Christian.

»Ich bitte dich, Chris, das kann man nicht vergleichen, die ist doch viel älter!« Sina wollte sich schier ausschütten über ihren kleinen Joke. »Wollen wir unser Wiedersehen noch begießen, die schließen eh gleich?«, fragte Sina in die Runde. »Aber ich hau schon mal ab, Mama, du weißt, ich muss Sloterdijk noch anrufen, und vielleicht sieht man sich noch«, sagte Giovanni, küsste seine Mutter zärtlich auf die Wange, winkte in die Runde und war weg.

»So, Jungs, was machen wir nun mit dem angebrochenen Abend?«

»Tja, wir waren gerade dabei, uns zu verabschieden. Es war ein erfüllter Tag mit dir als Krönung, aber morgen wartet ein neuer Arbeitstag mit den üblichen Verpflichtungen«, sagte Bruno eine Spur zu locker.

»Muss auch nach Hause zu meiner Frau, vielleicht

guckt die ja gerade deine Pornos«, schmunzelte Hape, und auch Christian zuckte bedauernd mit den Schultern.

»Schade«, Sina war sichtlich enttäuscht, »ich hätte gerne da angeknüpft, wo wir vor 25 Jahren aufgehört haben!«

Die drei Freunde sahen sich völlig geplättet an.

»Wie meinst du das?«, fand Hape als Erster die Sprache wieder. »Na ja, ich habe euch doch erzählt, dass ich jetzt Pornos für Frauen produziere, und da sind auch ältere Menschen gefragt, ihr erinnert euch doch an Wolke 9, Sex im Alter, ein Riesenerfolg, und im Publikum nur Frauen.«

»Du meinst«, fragte Christian hörbar entsetzt, »wir sollen in einem Porno mitmachen?«

»In einem ehrlichen Erotikfilm für das reifere weibliche Publikum«, sagte Sina und lächelte sie unschuldig an.

»Da bin ich noch zu jung für«, sagte Bruno, »und ich brauch auch kein Geld im Moment.«

Hape musste lachen.

»Kommt drauf an«, sagte Christian, »wenn Sloterdijk auch mitspielt, würde ich es mir überlegen.«

Sina schaute Hape neugierig an. »Ne, lass mal stecken, Sina«, Hape kämpfte mit einem Lachflash und schnappte nach Luft, »ich glaube, ich würde vor Aufregung nichts zustande bringen, aber ich habe mal einen Porno gesehen, da saß so ein auf Franzose gequälter Maler mit Baskenmütze und gezwirbeltem Schnurrbart im Bild und malte das Ganze, die Rolle wäre was für mich!«

»Gekauft!«, strahlte Sina, »und ich habe auch schon den Titel: ›Der Pinselstrich – Alte Nutten in Öl‹, kommt, Jungs, das ist wie Schwimmen, das verlernt man nicht!«

»Nein, nein«, meinte Hape, »das sollte ein Witz sein! Ich schwinge meinen Pinsel nur noch auf meiner eigenen Leinwand, das reicht mir. Außerdem haben wir die sexuelle Revolution damals gemacht, ist heute nicht mehr mein Thema.«

»Tja, da könntest du recht haben, ist heute wohl eher ein Frauending«, sagte Sina, »also gut, dann lasst uns wenigstens Kärtchen tauschen, vielleicht ruft man sich mal an, zum Vatertag oder so.«

Sinas Lachen hatte nichts an Suggestivkraft verloren, ebenso der Einblick in ihr Dekolleté, den sie bei der herzlichen Verabschiedung mit Küsschen auf die Wange gewährte.

»Immer noch ein heißer Ofen, was?«, meinte Hape, als sie das Museum verließen. Bruno musste husten. »Kann man wohl sagen«, krächzte er.

Christian schlug ihm freundschaftlich auf den Rücken. »Jetzt bloß keine Schnappatmung.«

Lachend gingen sie ihrer Wege. Drei Monate später saßen sie in Begleitung ihrer Frauen erwartungsvoll in der ersten Reihe des Kinos, in dem die Premiere von Sinas neuester Erotik-Komödie »Reife Früchte schmecken süßer« in wenigen Minuten beginnen sollte. Sina hatte ihre hochoffizielle Einladung inklusive Flugtickets nach Hamburg und Zimmerreservierung im Kempinski-Atlantic handschriftlich ergänzt um die Zeile: »Die Begleitung der Gattin ist Voraussetzung!«

»Wo bleibt sie denn nur?«, fragte Hape, als das Licht ausging und der rote Vorhang sich öffnete. »Sie ist doch schließlich die Hauptperson!«

Das sollte sich als Irrtum erweisen. Giovanni, Sinas Sohn, spielte den jungen, feurigen, immergeilen Latin Lover mit einem Faible für jung gebliebenes Gemüse.

Es schien ihm und den drei Hauptdarstellerinnen wirklich einen Riesenspaß zu machen. Für Bruno, Christian und Hape wurde es ein unvergesslicher Abend. Wann sieht man schließlich die eigene Frau schon mal in einem Porno? Dass Sloterdijk ganz kurz mal als Maler zu sehen war, kriegten sie gar nicht mit.

ANALYSEFOLGEN

Den blonden Schopf halblanger Haare, die ungezähmt im Wind wehten, erkannte ich sofort und freute mich, seine Besitzerin zufällig hier in der Fußgängerzone wiederzusehen.

»Hallo Nina«, rief ich, bremste ab und stieg vom Rad.

»Hey«, sagte sie freundlich, aber ihr Lächeln wirkte etwas gequält.

»Was treibst du denn hier, heute nicht im Einsatz?«

Ich kannte sie aus dem Freibad, wo sie als Schwimmmeisterin arbeitete und normalerweise stets gut gelaunt darauf achtete, dass alle Gäste wieder heil aus dem Wasser kamen. Obwohl sie ein bisschen pummelig und nicht gerade groß geraten war, hatte ich ein Auge auf sie geworfen und mich in den letzten Wochen viel öfter, als es meinen Neigungen entsprach, ins kühle Nass begeben. Besonders ihr Gang hatte es mir angetan; er glich dem eines alten Seemanns, der mehr Zeit auf rauer See als an Land verbracht hat und jeden Schritt so elastisch anlegt, dass überraschende Schwankungen sofort aufgefangen werden können.

»Oh shit«, sagte sie, »habe mir gerade Bandagen für die Knöchel gekauft.«

»Was ist denn passiert?«, fragte ich und schaute von den kurzen Shorts die hübschen braun gebrannten Beine entlang bis hinunter zu den Füßen, die in hohen Basketballsneakers ohne Schnürsenkel steckten.

»Ach Mist«, sagte sie lachend, »ich hab eine Laufanalyse machen lassen, und da hat man mir erklärt, dass ich falsch laufe, dass ich länger abrollen muss, weißt du, so…« Sie machte es mir vor und sah dabei bezaubernd aus. »Das hab ich gestern Abend beim Joggen genauso gemacht, und jetzt tut mir alles weh, kann kaum noch laufen.«

»Da sagst du was, die heilige Anneliese, die Schutzpatronin der Analysten aller Disziplinen, hätten sie mal besser als Hexe verbrannt, statt heiliggesprochen«, sagte ich, um nach einem Blick in ihre Augen, die Verwirrung, Unmut und Langeweile widerspiegelten, nur keinerlei Hauch von Verstehen und daraus resultierendem Amüsement, meinen Versuch, witzig zu sein, abzubrechen und in die sicheren Gewässer nüchterner Information zurückzupaddeln.

»Ich war mal bei einem Physiotherapeuten, der sagte: Sie stehen ja völlig schief, und dann hat er mich zurechtgebogen und gesagt: So stehen Sie gerade, versuchen Sie immer, diese Haltung einzunehmen, und ich fühlte mich wie Quasimodo, und am nächsten Tag konnte ich mich kaum noch rühren.«

Ich blickte sie erwartungsvoll an, und Nina sagte: »Ja, war schön, dich zu sehen, ich muss dann mal los.«

Was zum Teufel lief mit meiner Kommunikation falsch? Ich hatte gelesen, dass es andere Menschen sofort für einen einnimmt, wenn man ihre Gestik spiegelt und inhaltlich auf sie eingeht. Also erzählte ich immer etwas Ähnliches, nicht ohne vorher einen Witz zu machen, denn Humor steht bei allen Frauen ganz oben auf dem Wunschzettel, wie jeder weiß.

Abends in der Kneipe erzählte ich meinem Kumpel Karl von dem missglückten Landemanöver und schloss mit der Frage: »Sollte ich meine Kommunikationsstrategien mal analysieren lassen?«

Karl blickte von seinem Bier auf und sagte: »Das kannst du dir sparen, der Fall ist klar: Du äffst die Weiber beim Reden nach und wunderst dich, dass die das nicht spannend finden. Die sagen sich doch: Langweilig sind wir selber, ein Kerl muss kurz und knackig reden, capisce?«

»So einfach ist das?«

»Ja, und jetzt halt die Klappe.«

Ich beschloss, das frisch Gelernte gleich am nächsten Tag in die Praxis umzusetzen, und wie der Zufall es wollte, traf ich Nina abends im Cinemaxx wieder. In Begleitung einer Freundin stand sie am Popcornstand. »Na, läuft es sich heute schon besser mit den frisch analysierten Füßen?«, sprach ich sie an. Ihr Blick verriet keine Freude, mich zu sehen, aber auch keine Abneigung.

»Erinnere mich nicht daran«, sagte sie abwinkend, »schon genug, dass ich für diesen Schwachsinn auch noch zahlen musste.«

»Viel?«, fragte ich so kurz wie möglich.

»Na, immerhin 80 Euro, und wenn ich noch die Bandagen dazuzähle, hat mich der Spaß über 100 gekostet.«

»Was dagegen, wenn ich unter diesen Umständen das Popcorn übernehme? Ich müsste dann natürlich in der Mitte sitzen, damit ihr auch gut rankommt.«

Blitzartig schoss mir die Erinnerung an die Szene in »Her mit den kleinen Engländerinnen« durch den Kopf, wo der Typ ein Loch in den Boden des Popcorneimers gebohrt und seinen Dödel durchgesteckt hat und in aller Ruhe abwartet, bis die Perle neben ihm sich bis dahin durchgefressen hat. Ohne eine Antwort abzuwarten, rief ich der Bedienung zu: »Einmal die preiswerte 5-Kilo-Trommel Popcorn salzig und drei Corona, bitte!«

»Du, lass mal gut sein«, riss mich Nina aus meinen Erinnerungen, »Dörthe und ich sind frisch verliebt, da brauchen wir keinen Typ mit 'nem Eimer Popcorn zwischen uns, capisce?«

»Schade«, sagte ich mehrdeutig, und zur Bedienung gewandt: »Storno bitte, die Situation hat sich verändert!«

»Moment, so geht das nicht, du hast bestellt, ich hab das gebongt, ein Eimer Popcorn und drei Corona, und einer muss das jetzt bezahlen, capisce?«

»Ist ja gut«, sagte ich, »drei Bier sind für einen gesunden Mann, der einen Eimer Popcorn vor sich hat, gerade richtig.«

Ich zahlte und dachte noch: »Wieso breitet sich dieses blöde ›capisce‹ eigentlich gerade epidemieartig im Ruhrgebiet aus, das müsste man echt mal analysieren.«

BAR-BAR

»Was ist denn heute Abend hier los?«, fragte Donald den Barmann.

»Ein Frauenkegelclub aus dem Rheinland«, kam es mit der charmant-holperigen Sprachfärbung zurück, wie sie Spanier annehmen, wenn sie lange in Deutschland leben.

»Und deswegen müssen Sie deutsche Schlager in der Lautstärke spielen?«

»Sí, lo siento«, kam es mit einer Trauer zurück, zu der neben dem mediterranen nur noch der russische Mensch fähig ist. Natürlich auch alle anderen Menschen, aber dann brauchen sie handfeste Gründe.

»Paco, mach uns mal eine Pinna Kollata für alle«, krähte die Rudelführerin und klang dabei wie Ulla Schmidt auf Speed.

Paco hob zum Zeichen des Einverständnisses kurz die eindrucksvollen Augenbrauen und begann zu wirbeln. Die Rummelplatzbeschallung hatte gerade von Andrea Berg zu Chris de Burgh gewechselt.

»Jetzt gehen sie bei ihren Party-Mixen schon alphabetisch vor«, dachte Donald, »ob ich bis zu Costa Cordalis wohl noch einen Dry Martini kriege? Geschüttelt natürlich, vier Teile Bombay Sapphire-Gin, ein Teil Noilly-Prat-Vermouth, mit einem Dash Olivenlake, was ihn zu einem Dirty Martini macht, und mit einer Limonenschale abgespritzt. Und zwei Oliven statt einer.«

Und dann kam zu seiner großen Erleichterung »Sexual Healing« von Marvin Gaye. Aus der Dreiersitzgruppe ihm gegenüber löste sich eine fast schon adipöse Mitbürgerin, in mildtätigen Chiffon gehüllt, und begann solo für ihren Partner zu tanzen, mit Moves, die sie wohl für anmutig und aufreizend hielt. Bei jeder Drehung gingen die Arme über den Kopf, wie wenn sie sich eines Unterrocks entledigte, häufig schob sie sich nahe ans Objekt ihrer Begierde heran, fuhr ihm mit der Hand über Haar und Nacken, hauchte ihm wohl auch Obszönitäten ins Ohr. Der Mann saß sehr verspannt da, das Lächeln mehr eine mechanische Gebissfreisetzung, nur die Augen suchten panisch den Raum ab, in der abwegigen Hoffnung, dass kein anderer Gast Notiz nähme.

Donald hatte sich nicht mehr so amüsiert, seit er vor vielen Jahren von Dieter Bohlens Penisbruch gelesen hatte. Seine miese Laune war einer fast chemischen Euphorie gewichen; er beschloss, sich die absolute Mehrheit der auf Exzess gebürsteten Pudelköniginnen schönzusaufen, doch noch bevor er die grundsteinlegende Bestellung an den Barmann bringen konnte, dröhnte der Schlachtruf »Damenwahl« aus den rheinischen Feuchtgebieten, und die entfesselten Windsbräute stürmten los. Mit der aus der einschlägigen Literatur bekannten Intelligenz eines Schwarms versperrten sie dem flüchtenden Herren die rettenden Ausgänge und führten einen nach dem anderen ab – auf die Tanzfläche. Desmond Dekkers »You can get it, if you really want« tötete die letzten Hemmungen ab und ließ auch Miss Chiffon andere Seiten aufziehen. An der Krawatte versuchte sie den Angeschmachteten aus den Polstern zu zerren, doch der hielt sich nach Luft ringend am Tisch fest. »Du langweiliger alter Sack!«, schallte es vernehmlich zu Donald herüber. Er wandte sich um und sah nur noch den halbtoten Senior, die Enttäuschte war verschwunden. Auf der Tanzfläche zogen gerade zwei stattliche Damen einen dünnen Mittvierziger zwischen sich und tanzten Sandwich, wobei er optisch keine Rolle mehr spielte, bis auf seinen kardinalslila verfärbten Kopf, der sich von vier drallen Brüsten arretiert im Takt wiegte.

»Un Carajillo, por favor«, wandte Donald sich an Paco.

»Sin o con?«

Gemeint war: den Schnaps mit oder ohne Kaffee.

»Sin«, entschied Donald; »con«, befahl eine Stimme direkt hinter ihm, die jeden Gedanken an Widerspruch im Keim erstickte.

Die Kegelqueen höchstselbst, flankiert von zwei Hofdamen, denen man auch Geldtransporte in Millionenhöhe anvertraut hätte, sah ihm tief in die Augen.

»Wie sagte Cher immer? Badet ihn, pudert ihn und bringt ihn in mein Zelt! Aber dat hat noch Zeit, Schatz, erst will die Mama tanzen!«

In diesem Moment klingelte Donalds Handy.

»Sorry«, sagte er und ging ein paar Schritte zur Seite. »Ja?«

»Mach hinne, zahl und komm raus, der Typ hatte nur 400 Euro in der Brieftasche, da müssen wir noch ein bisschen ackern heute Abend!«

»Alles klar, ich komme, aber dann ziehst du dich erst um, dieser Chiffonfummel sieht echt scheiße aus.«

BEGEGNUNGEN

Der Mann im hellen Waschledersakko saß allein an einem Ecktisch des Lokals und las das Feuilleton der SZ. Eine junge Frau trat an den Tisch und fragte: »Warten Sie schon lange?«

Er blickte kurz auf und sagte etwas unwirsch: »Länger, als ich es zu tolerieren pflege.«

Sie sah ihn unverwandt an und flüsterte: »Ich möchte Ihre dunklen Seiten ergründen.«

»Möchten Sie mir nicht erst mal die Speisekarte bringen?«

Kaum merklich schüttelte sie den Kopf.

»Tragen Sie Ihr Waschledersakko aus Nostalgiegründen oder weil Sie damit das Sichtfenster zu Ihrer Seele putzen möchten?«, fragte die junge Frau im Neoprenanzug mit Nerzkragen und Taucherbrille auf dem Kopf unbeeindruckt weiter. Dem Mann fiel die Zigarette aus der Hand, knapp neben den Ascher. Sie ergriff sie rasch, nahm einen tiefen Zug, reichte sie zurück und sagte: »Ihre Glut ist für mich nicht zu übersehen. Möchten Sie mit mir darüber reden?«

In diesem Moment trat eine nackte Frau an den Tisch und fragte fröhlich: »Na, ihr zwei Turteltauben, schon was gefunden?«

»Na klar«, sagte die Neoprenfrau, »ich nehm die frittierten Heuschrecken und einen Algenwein, bitte!«

»Ich hätte gern das Sashimi vom Seeigel und eine Brottrunk-Bärenfang-Schorle. Und nun zu Ihnen«, sagte der Mann und wandte sich an die Neoprenfrau, »was wollen Sie von mir?«

»Die Sache ist die, ich gehöre einer Sekte an, die sich in Neoprenanzüge kleidet, wer einen Monat dabei ist, darf einen Nerzkragen tragen, nach zwei Monaten auch eine Taucherbrille, wer jeden Monat ein Mitglied wirbt, hält seinen Status, wenn nicht, verliert man erst seine Taucherbrille, dann den Nerzkragen und zuletzt den Neoprenanzug.«

»So wie die Kellnerin?«

»Nein, die Kellnerin ist einfach nackt, weil das hier ein Lokal mit Nacktbedienung ist!«

»O.k., noch mal gefragt, was wollen Sie von mir?«

»Ich möchte zusehen, wie Ihnen der Kragen platzt«, antwortete sie unverschämt grinsend.

»Kleines dummes Luder, will mich provozieren«, dachte er und bot ihr mit einer nicht besonders einladenden Geste den freien Stuhl an seinem Tisch an.

»Warum sollte mir der Kragen platzen?«

»Ach, kommen Sie, das wissen Sie doch«, sagte sie mit komplizenhaftem Augenzwinkern und machte es sich auf dem Stuhl bequem.

»Sie wollen es nur nicht wahrhaben, und deswegen befinden Sie sich in einem infantilen Fragestrudel.«

»Wie bitte?«

»Ja, Sie fragen ständig Sachen, die Sie schon längst wissen. Sie fragen nach der Speisekarte, obwohl Sie bereits wissen, was Sie essen möchten, Sie fragen mich, was ich von Ihnen will, dabei habe ich es Ihnen gleich gesagt, Sie fragen und fragen und fragen, aber das wird Ihre bevorstehende Gefühlseruption nicht verhindern. Ich kann den Knall schon riechen.«

»Ich glaube, ich höre auch Ihren Knall. Nehmen Sie bitte Abstand davon, mich als Mitglied Ihrer bescheuerten Fetisch-Sekte anwerben zu wollen, ich habe erstens eine Gummiallergie und lasse zweitens dem World Wild Fund For Nature nicht nur regelmäßig ein paar Euros rüberwachsen, sondern greife gern auch mal praktisch ein.«

Er zündete bedächtig ihren Nerzkragen an und schaute ihr dabei ganz ruhig in die Augen.

»So«, zwitscherte die nackte Kellnerin, »hier sind schon mal eure Getränke, soll ich sie gleich auf den brennenden Nerzkragen kippen?«

»Gern«, erwiderte die Neoprennymphe, griff nach ihrem Tauchermesser und säbelte geschickt den Kragen seiner Waschlederjacke ab.

»Wie heißt es in der Bibel: Kragen um Kragen, Haut um Haut!«

»Keineswegs, Gnädigste, es heißt Auge um Auge«, sprach's, riss ihr die Taucherbrille vom Kopf und wollte ihr einen schulbuchmäßigen rechten Haken aufs Auge setzen, dem sie mit einem Sidstep auswich.

»Ja, genau, jetzt fällt's mir wieder ein, und Zahn um Zahn!«

Mit diesen Worten schlug sie ihm den vorderen linken Schneidezahn aus. Er starrte sie ungläubig an, seine Augen weiteten sich erst, um sich dann infolge einiger Tausend geplatzter Äderchen zu röten, eine Reaktion, wie sie auch bei sehr heftigem GV häufig auftritt und vorübergehende Sehstörungen nach sich zieht, dann trat erst eine Träne über den unteren Lidrand des linken Auges, viele weitere folgten, am Ende legte er einen 20-minütigen Weinkrampf hin, der sich gewaschen hatte. Die ganze Zeit über wiegte die Neoprenfrau ihn in ihren Armen, was zwar zu einer allergischen Hautreaktion auf seiner linken Gesichtshälfte führte, ihn aber schließlich beruhigte.

»Danke«, flüsterte er heiser und kaum hörbar.

»Keine Ursache«, wisperte sie zurück, »ich sagte doch, der Knoten platzt, jetzt haben Sie die Chance, ein anderer Mensch zu werden!«

»Aber vorher macht's 300 Euro für eine verhaltenstherapeutische Encounterbehandlung; Sie können das je nachdem bei Ihrer Krankenkasse geltend machen«, sagte ein Mann in einem Leopardenslip, der unbemerkt an den Tisch getreten war, »Wedenbrück mein Name, ich bin der Geschäftsführer.«

»Warum sind Sie nicht nackt, wie die Kellnerinnen?«, fragte der frisch Therapierte, wobei es wegen der Zahnlücke ein wenig zischte.

»Nun, ich bin vor Kurzem beschnitten worden, und da gab es Beschwerden wegen der Optik.«

»Ah ja, na dann vielen Dank, Sie haben mir sehr geholfen, ich werde Sie gerne weiterempfehlen.«

»Das wäre freundlich, wissen Sie, heute muss man als Gastronom sehen, wo man bleibt, die Wirtschaftskrise, das Rauchverbot, und nur mit Nacktbedienung locken Sie auch keinen mehr hinterm Ofen vor, und diese Encounter to go, wie wir unsere Actionseelenhilfe nennen, wird gut angenommen; Hedwig ist schon meine dritte fest angestellte Psychologin.«

»Nicht Hedwig, Hermine!«, schrie die Gummifrau

und knallte Herrn Wedenbrück ihre Taucherbrille an die Schläfe, »in Sachen Demenz muss ich bei Ihnen echt mal andere Saiten aufziehen, Chef!«

BRANDHERD

Angelika, oder Angie, wie sie sich selber nannte, stolze Besitzerin eines Nagel-Studios, hatte sich gerade die eigenen neu gemacht, als die Zeitung, in der sie nach ihrer neuen 10-mm-Kleinanzeige suchte, um die Platzierung zu kontrollieren, an der Duftkerze Feuer fing.

Mist, dachte sie, der Kleber ist noch nicht durchgetrocknet, und wenn ich jetzt nach der Feuerwehr telefoniere, brechen sie bestimmt ab, und die ganze Arbeit war umsonst. Sie schlug die Zeitung einige Male auf den Tisch, was durch den Funkenflug Gardinen und Flokati in Brand setzte. Angelika war sich – nicht zum ersten Mal in ihrem Leben – unsicher. Ein Brandherd ganz in ihrer Nähe und kein Mann. Scheiße, ich frag den Nachbarn, entschloss sie sich und machte sich, so schnell es ihre High Heels zuließen, auf den Weg. Gleich gegenüber bei Schwanke, dem Pensionär, klingelte sie Sturm. Nach einigen Minuten öffnete er, offensichtlich schlaf- und auch sonst trunken. »Können Sie vielleicht meinen Brand löschen?«

»Gern«, sagte Schwanke, »was möchten Sie trinken?«

»Oh, für ein Piccolöchen können Sie mich eigentlich immer begeistern, aber das ist jetzt...«

In diesem Moment bemerkte Angie, dass unter Schwankes Badezimmertür Wasser hervorlief, und nicht wenig.

»Herr Schwanke, unter Ihrer Badezimmertür kommt jede Menge Wasser raus«, rief Angie aufgeregt.

»Na und, aus Ihrer Tür kommt jede Menge Rauch«, versetzte aufgeräumt der Greis, »darauf sollten wir erst mal einen nehmen, oder?«

»Wenn Sie meinen«, sagte Angie, froh, die Verantwortung für das, was auch immer geschehen mochte, los zu sein oder, richtiger, an den Mann gebracht zu haben, wo sie ihrer Meinung nach auch von Natur aus hingehörte.

»Man soll ja gerade in Notsituationen die Ruhe bewahren, heißt es immer«, sagte sie erleichtert und folgte Schwanke in dessen kleines Wohnzimmer, sorgfältig darauf achtend, nicht mit den teuren Schuhen in die sich ausbreitenden Pfützen zu treten. Gemeinsam kippten sie zügig zwei Doppelkorn, die Angie nur mit Mühe zum Verbleib in den Eingeweiden zwingen konnte, die sonst nur Prosecco kannten und ab und zu mal einen kleinen Feigling.

»Erst mal die Lage analysieren«, dozierte Schwanke, während er mit auf dem Rücken verschränkten Händen auf und ab ging, wie er das bei höheren Offizieren in Kriegsfilmen gesehen hatte.

»Wasser bekämpft Feuer, bei mir ist Wasser, bei Ihnen ist Feuer. Was ist sinnvoller: Ihr Feuer zu meinem Wasser zu transportieren oder mein Wasser zu Ihrem Feuer?«

»Nun, bei mir gibt es doch auch Wasser, da hätten wir doch einen Transport gespart!«

»Sehr gut überlegt, kleine Lady, aber was machen wir mit meinem Wasser?« »Das könnte man doch erst mal abstellen und dann weiterüberlegen.«

Der Greis pfiff anerkennend durch die Zähne. »Nicht schlecht überlegt, für eine Frau«, räumte er ein. »Haben Sie studiert?«

Angies Selbstbewusstsein schwoll um eine Körbchengröße an.

»Nicht direkt«, sagte sie leicht errötend, »aber um Wasser abzudrehen, braucht man ja wohl kein Studium, das kann doch jedes Kind.«

»Sie gefallen mir«, sagte Schwanke, »Sie sind gepflegt und denken praktisch, eine äußerst seltene Kombination bei Frauen.«

Er verschwand im Badezimmer, wo sie ihn Selbstgespräche führen und hantieren hörte, dann kehrte er zurück.

»Problem Nr. 1 ist gelöst, junge Frau«, verkündete er, listig über seine Hornbrille blinzelnd, »wenden wir uns nun Ihrem Fall zu. Worum ging es da noch?«

»Feuer, Herr Schwanke!«

»Sehr gut, setzen«, sagte Schwanke, »das sehe ich mir jetzt sofort an, und Sie bleiben sicherheitshalber hier.«

So viel Anerkennung für ihre rasche Auffassungsgabe wie in den letzten zwei Minuten hatte Angie während ihrer ganzen Schulzeit nicht bekommen. Sie stellte sich gerade vor, wie sie sich als frisch gekürte Doktorandin mit dem ulkigen Hut souverän lächelnd den Fotografen präsentieren würde, da kehrte Schwanke schon zurück.

»Das Feuer ist so gut wie besiegt!«, rief er stolz.

»Und was haben Sie unternommen?«, fragte Angie bänglich.

»Dasselbe, was die Firefighters bei großen Buschbränden in Kalifornien oder im Mittelmeerraum tun, ich habe ein Gegenfeuer gelegt, und nun treibt es mithilfe Ihres Ventilators auf das alte Feuer zu, wenn sie sich treffen, stellen beide Feuersbrünste fest, dass sie keine Nahrung mehr haben, und gehen kläglich aus. Genial, was?«

»Ganz toll, Herr Schwanke, aber warum kommt jetzt Schaum aus der Tür durch?«

»Schätze, Ihre Sprinkleranlage hat sich in Betrieb gesetzt.«

»Ach, so was hab ich, ist ja super«, lachte Angie erleichtert und war stolz, technisch auf dem neuesten Stand zu sein. »Wusste gar nicht, dass da Schaum rauskommt.«

»Im Normalfall kommt da auch nur Wasser raus«, dozierte Schwanke und nahm erneut seine Kriegsfilmpose ein, »deshalb ziehe ich eine chemische Kettenreaktion in Betracht. Lagern Sie etwa seifenhaltige Produkte in Ihrem Studio?«, fragte Schwanke streng.

»Ja, natürlich, jede Menge flüssige Seife, Badekugeln, Badepralinen und Badebomben.«

»Geil!«, entfuhr es Schwanke, als ihn der glitzernde Bläschenberg erreichte und langsam umschloss, »was halten Sie von einer Schaumparty?«

Er drückte auf eine Fernbedienung, und Ravels »Bolero« erklang. Der Senior begann sich sichtlich erregt zügig zu entkleiden.

In diesem Moment unterbrachen kollektives Murren und einzelne »Aufhören!«-Rufe die Vorleserin.

Sie fragte irritiert: »Was ist denn los? Gefällt Ihnen die Geschichte nicht?«

»Wir lassen uns doch nicht als lüsterne Volldeppen darstellen«, rief ein rüstiger Bewohner des Seniorenheims »Ruhige Kugel«.

»Genau, so ein Schwachsinn!«, keifte eine entrüstete Greisin, wobei die Tatsache, dass sie ihre Zahnprothese vergessen hatte, der Verständlichkeit ihrer Einlassungen nicht eben in die Hände spielte. »So einen unrealistischen

Scheiß können Sie vielleicht in der Klapse vorlesen oder im Fernsehen!«

Die junge Hobbydichterin, die einmal im Monat ehrenamtlich aus eigenen Werken vortrug, lief feuerrot an. »Ich finde Sie echt undankbar und unsensibel!«, sagte sie und brach lautstark in Tränen aus. Im Zuge des nun ausbrechenden tumultuösen Disputs zwischen Fürsprechern und Gegnern der entnervten Künstlerin, wobei nicht klar auszumachen war, aus welchem Lager die »Ausziehen, ausziehen«-Rufe kamen, blieben die aus Zimmer 15 dringenden Rauchschwaden ebenso unbemerkt wie das die Treppe vom ersten Stock herabfließende Wasser.

BUFFET-BLUFFER

Dörte hatte nur ungern die Werkzeuge vom Tisch geräumt und ihre Kawasaki aus der Küche geschoben, um Tellern und Besteck Platz für das Extrem-Eating mit ihren Freunden zu verschaffen, aber nachdem nun alle vier sich satt grunzend über den Tisch hinweg angrienten, war die Mühe schon vergessen, und sie freute sich auf den Höhepunkt des Abends. Sie hatten vereinbart, erst nach dem Essen bekannt zu geben, woraus das Menü, für das jeder einen Gang zubereitet hatte, im Einzelnen nun wirklich bestand. Nur einer konnte Tagessieger werden. Sie trafen sich schließlich nicht einmal monatlich, um öden Kleinbürgersmalltalk um ein paar Nudeln herum zu führen, sondern um kulinarische Grenzen auszuloten. »Fang du an«, forderte sie Gitta aus der Gothic-Szene auf, die zum Auftakt einen Keimsalat mit Kaviar aufgetischt hatte.

»Okay, Leute.« Gitta kraulte gespielt gelangweilt ihre schwarze Irokesenbürste. »Ich hab die Keime von verschrumpelten Kartoffeln als Grundlage genommen, Forellenkaviar mit Schuhwichse schwarz gefärbt und untergemischt, für die Vinaigrette habe ich gekippten korkigen Rotwein mit altem Eigelb verrührt.« »Mmhh, nicht schlecht«, kamen die ersten Kommentare. »Klasse, wirklich, hab noch nie Kartoffelkeime gegessen«, meinte der lattenschlanke Lars, »die enthalten ja Solanin, und das kann Brennen und Kratzen im Hals, Magenbeschwerden,

Darmentzündungen, Gliederschmerzen, Übelkeit, Brechreiz, Nierenreizungen, Durchfall hervorrufen, in schlimmen Fällen sogar Krämpfe und Lähmungen.« »Woraus besteht eigentlich Schuhcreme?«, wollte Max wissen, doch Dörte übertönte ihn: »Die Fischsuppe war auch ein Knaller, los, Lars, erzähl.«

»Na ja, als Fahrradkurier krieg ich ne Menge mit«, begann Lars umständlich, »und bei einer Auslieferung sah ich zufällig, wie einer die Abfälle vom Fischrestaurant Neptun in die Tonne verklappte... und mein Heavy-Metal-Freund hat einen Kleingarten, der düngt mit Eigengülle, von dem hab ich das Gemüse. Aber diesen ganz speziellen Geschmack, der euch hoffentlich aufgefallen ist, den erreiche ich mit dem grünen Algenbelag, den ich von meinen Aquariumwänden kratze.« »Cool«, kommentierte Gitta anerkennend, »Fischvergiftung, das wird schwer zu toppen sein.«

»Nee«, warf Max ein, »das hätten wir gerochen, wenn der Fisch zu alt gewesen wäre.« In Wahrheit hatte er etwas gerochen, aber so schlimm war das nicht gewesen, und er gönnte Lars nicht schon wieder den Tagessieg.

»Was war mit den Spaghetti?«, fragte er, um abzulenken. »Das waren ganz normale Spaghetti aus der Frischtheke, natürlich zwei Monate überm Haltbarkeitsdatum, mit Käsesoße«, kicherte Dörte, »nur der Käse, also der Käse...« Sie holte eine Flasche Schnaps und Gläser aus dem Schrank und steigerte absichtlich die Spannung.

»Los, spuck's aus«, forderten die Freunde ungeduldig.

»Also gut, ich hab euch doch erzählt, dass meine Nachbarin, die alte Frau Wissmann, vier Wochen tot in ihrer Wohnung lag, bevor man sie fand, und in ihrem Kühlschrank hab ich diesen total vergammelten Käse entdeckt, und in dem war, anders als in der Alten, jede Menge Leben, und den …«

»Boh, Dörte, du bist ja echt durch die Hecke«, lobte Gitta.

»Mein Wildgulasch«, meldete sich Max, der Trucker, wieder zu Wort, »habe ich eigenhändig von der Strecke Köln–Warschau und zurück gekratzt, in Folie mit Piniennadeln aus der Nähe von Barcelona, die ich zu diesem Zweck immer mit mir führe, auf dem Motorblock angeräuchert und dann nach klassischem Gulaschrezept mit selbst gesuchten Pilzen vollendet. Und ich darf noch mal betonen, ich habe keinen Schimmer von Pilzen!«

In diesem Moment wurde Gothic-Gitta blass, was aber keinem auffiel, denn sie war immer blass. Schnell griff sie sich das Schnapsglas, kippte Dörtes Grappa weg und verlangte noch einen.

»Sag bloß, dir ist schlecht«, fragte Dörte mit leicht besorgtem Unterton.

»Ich weiß nicht. Max, war in dem Gulasch auch Igel?«

Gitta liebte Igel abgöttisch, das fiel jetzt allen wieder ein, und die Blicke richteten sich auf Max in der Hoffnung, er würde einfach verneinen.

»Das ist doch wohl zu blöd, Gitta«, beschwerte sich Max, »du hast gerade jede Menge Müll gegessen, und der war ausgesprochen lecker, sollte aber ein Igelhäppchen dabei gewesen sein, wird Madame zimperlich. Da sieht man mal, was Einbildung ausmacht.«

»Richtig, die Leute essen zehn Jahre altes Gammelfleisch, hübsch als Döner verkleidet, ohne Probleme, wird aber ein neuer Skandal aufgedeckt, dann fühlen sie sich eine Woche unwohl«, meinte Lars.

»Und das sind dieselben, die ihre Steaks wegwerfen, wenn das Mindesthaltbarkeitsdatum abgelaufen ist«, fuhr Dörte fort. »Jeder Refluxösophagetiker, der ohne Protonenpumpenhemmer ständig ein Höllenfeuer in der Speiseröhre brennen hätte, kann sich in etwa vorstellen, was wir während der Evolution alles vertilgt haben müssen.«

»Und immer noch tun«, kicherte Gitta, zu neuem Leben erwacht, »neulich war ich auf einem Empfang zur Eröffnung einer Ausstellung mit Antiquitäten, und auf dem Buffet gab es auf schwarzen chinesischen Löffelchen mit grünen Ornamenten angerichtete Häppchen. Da hörte ich, wie der Kurator eine Frau fragte: ›Wie finden Sie die Lacklöffel aus dem 12. Jahrhundert?‹ Und sie völlig fertig: ›Oh Gott, ich hab das mitgegessen. Ich dachte, das wären Algenkräcker.‹« »So, Leute«, rief Otto, »genug gelacht, hier kommt der Nachtisch!«

Sprach's und trug einen Topf mit einer undurchsichtigen Pampe auf.

»Ist das nicht ein klassischer Rumtopf?«, fragte Max.

»Genau, fein beobachtet!«

»Und was ist das Besondere daran?«

»Erst essen, Freunde, dann wird erklärt, so sind die Regeln«, sagte Otto streng. Alle quälten sich die alkoholgetränkten Obstbrocken rein.

»Also meins ist das nicht«, stöhnte Dörte angewidert, »aber bei einem Kindergeburtstag wär's vermutlich ein Knaller.«

»O.k.«, sagte Otto, »den Rumtopf habe ich bei meiner Oma im Keller gefunden, das Datum drauf konnte man nicht mehr lesen, aber drin lagen – haltet euch fest – drei tote und perfekt konservierte Ratten!«

Alle schwiegen. Feixend goss Otto jedem einen Grappa nach.

»O.k., Freunde«, brach Dörte das Schweigen, »kommen wir zur heutigen Wahl des Tagessiegers. Ich fasse noch mal zusammen: Otto hatte Rumtopf mit Rattenleichen drin, Max hat sein Gulasch von der Autobahn gekratzt, in meinem Käse wibbelten die Maden, Lars hat seinen Fisch aus der Mülltonne, und Gitta hat uns giftige Kartoffelkeime, Schuhwichse und altes Eigelb aufgetischt. Wie jeden Monat hatte jeder vorher einen Zettel gezogen. Vier Zettel waren leer, auf einem stand ›Du‹, und derjenige hat die Wahrheit gesagt, was die möglicherweise gesundheitlich bedenklichen Zutaten seines Ganges angeht. Die anderen haben gelogen. Ihr Gang ist völlig in Ordnung. Und nun kriegt jeder einen Zettel und schreibt auf, wer seiner Meinung nach heute die Wahrheit gesagt hat, wobei der Echte natürlich sich selbst aufschreibt. Tagessieger ist der beste Buffet-Bluffer, also der, der sein einwandfreies Essen am geschicktesten als vergammelt ausgibt.« Jeder schrieb einen Namen auf den Zettel, faltete ihn zusammen und schob ihn in die Tischmitte. Wer war der beste Kochblender?

»Na dann wollen wir mal sehen«, sagte Dörte, die plötzlich stark schwitzte, etwas gepresst. »Das hatten wir ja noch nie«, stieß sie mühsam hervor, »jeder Name ist nur einmal vorhanden! Also einen Sieger gibt es schon mal nicht, aber wer hat denn heute die Bauchwehpampe gemacht, wer hat den Zettel mit dem ›Du‹ gezogen?«

Alle holten einen Zettel aus der Tasche und entfalteten ihn. Auf jedem stand »Du«.

»Wie konnte das …« Bevor sie den Satz vollenden

konnte, war Dörte schon vornüber in die Rumtopfreste gekippt.

»Seht ihr«, sagte Max, der die ohnmächtige Dörte zusammen mit Otto zurück auf ihren Stuhl bugsierte und ihr mit seiner Serviette das Gesicht trocknete, »die Macht der Einbildung.«

Nachdem sie wieder zu sich gekommen war, wollte es Dörte erst nicht glauben, als ihre Dinner-Freunde erzählten, dass Max die anderen angestiftet hatte, ihre leeren Zettel mit »Du« zu beschriften.

»Na so was«, rief sie und lachte erleichtert, »darauf gönnen wir uns aber jetzt den teuersten Kaffee der Welt, etwa 300 Euro pro Pfund, ich habe nämlich von meinem Patenonkel ein Päckchen bekommen, der ist Kaffeeröster auf Java.«

Wenige Minuten später dampfte vor allen ein Tässchen »Kopi Luwak«.

»Sehr lecker«, sagte Otto genießerisch schmatzend, »und was ist jetzt das Besondere daran?«

»Nun«, sagte Dörte, »ich werde es pantomimisch darstellen.« Sie stand auf, ging in die Hocke, verengte die Augen zu Schlitzen und deutete fauchend Prankenhiebe an. »Na, was ist das?«

»Luftkatze«, rief Lars, »so wie Luftgitarre!«

»Katze ist gut«, sagte Dörte, »weiter!«

»Kackender Löwe«, rief Gitta.

»Kacken ist gut, jetzt zusammen!«

»Kackende Katze?«, kam es fünfstimmig zurück.

»Genau, die Zibetkatzen fressen die Kaffeebohnen, scheiden sie aber unverdaut aus, und diese Fermentierung verleiht dem Kaffee seinen besonderen Geschmack!«

»Heilige Scheiße«, rief Otto und sprang erregt vom Stuhl hoch, »ich hab ne Katzenallergie!«

»Weiß ich doch, Liebes«, sagte Dörte, »deswegen hab ich die Fermentierung diesmal selbst übernommen.«

CHAOSTHEORIE

»Wir müssen uns klarmachen, dass noch die kleinste unserer Interaktionen ungeahnte, womöglich ungeheuerliche Folgen haben kann«, begann Warnfried Seelig-Trömmel sein Seminar. »Die Chaostheorie lehrt uns, in einfachen Worten ausgedrückt, dass der Flügelschlag eines Schmetterlings letztendlich am anderen Ende der Welt einen Orkan auslösen kann!«

Ein blasser Mittdreißiger mit imposanten Magenfalten meldete sich: »Könnten Sie das vielleicht anhand eines Beispiels verdeutlichen?«

»Sehr gern. Wenn ich Ihnen jetzt zum Beispiel eine knalle, sind Sie verstimmt, fragen sich, was fällt dem Arsch eigentlich ein, und scheuern mir vielleicht auch eine. Nach dem Seminar gehen Sie nach Hause und erzählen Ihrer Frau und Ihren Kindern stolz, dass Sie es heute Ihrem blöden Seminarleiter aber mal so richtig gezeigt haben. Ihre Kinder finden Ihr Verhalten voll krass und tun es Ihnen am nächsten Morgen in der Schule nach. Diese Klopperei im Klassenzimmer nehmen 28 Kids mit ihren Handys auf und versenden sie an ihre insgesamt 288 Freunde. 186 von denen posten diesen Film sofort zu YouTube, wodurch er auf Platz 2 der Hitliste landet. Weil jetzt aber jeder gern auf Platz 1 möchte, vermöbeln nun alle Kinder jeden, der nicht schnell genug auf dem Baum ist. Innerhalb von vier Tagen hätte meine Ohrfeige dann eine Gewaltwelle ausgelöst, die eine Woche die Titelseite der ›Bild‹ beherrscht.«

Eine irgendwie alternativ wirkende Frau, die ihre Brille definitiv nicht bei Fielmann gekauft hatte, ergriff das Wort: »Mich würde jetzt schon mal interessieren, warum genau Sie ein Beispiel aus dem Gewaltbereich gewählt haben. Die Geschichte würde doch genauso funktionieren, wenn Sie gesagt hätten: Nehmen wir an, ich sehe auf der Heimfahrt einen Hund, den der Besitzer an der Leitplanke angebunden hat, ich bringe ihn mit nach Hause, die Kinder kümmern sich um ihn; dass sie ihn behalten, kommt aber wegen des Babys nicht infrage, weil der Hund es möglicherweise als rangniedriger einstuft und aggressiv werden könnte, also filmen die Kinder den Hund, stellen das Video bei YouTube rein und lösen eine Welle der Hilfsbereitschaft aus!«

Seelig-Trömmel verbarg nicht nur die in ihm aufsteigende Woge der Aggressivität, sondern auch sein Gesicht kurz in den Händen und sagte sanft: »Vielen Dank erst mal für den Beitrag, aber erst einmal habe ich kein Baby und auch keine älteren Kinder, und wenn ich welche hätte, würde ich bestimmt keinen fremden Köter mit nach Hause bringen, von dem man nicht weiß, wie viel Ungeziefer und Krankheiten er mit sich rumschleppt...«

»Entschuldigen Sie mal, das wird mir jetzt aber viel zu persönlich. Können wir nicht mit dem Beispiel vom Schmetterling und dem Regenwald fortfahren?«, beschwerte sich ein junger Mann im Hanf-T-Shirt.

»Von Regenwald war bisher zumindest nicht die Rede, ich wäre Ihnen sehr dankbar, wenn Sie zuhören, bevor Sie sich zu Wort melden«, schnarrte Seelig-Trömmel.

Eine perfekte Ursula-von-der-Leyen-Imitation meldete sich zu Wort.

»Ich habe elf Kinder, drei Hunde, vier Katzen, zwei Pferde und einen blinden Kanarienvogel zu Hause, von meinem Mann ganz zu schweigen, das macht 21 Hosen- und Freischeißer. Wenn Sie Chaos sehen wollen, müssen Sie bei uns vorbeischauen!«

»Moment mal«, meldete sich der Magenfaltentyp, »ich komme auf zweiundzwanzig Scheißer!«

»Ich habe doch gesagt, meinen Mann nicht mitgerechnet, der hat nämlich einen Anus praeter, einen künstlichen Darmausgang, wo die Brühe in so ein Säckchen läuft.«

»Meine Damen und Herren, ich darf doch bitten«, brüllte Seelig-Trömmel fast, »so interessant ich Ihre persönlichen Schicksale finde, ich würde doch gerne weitermachen und Ihnen jetzt eine Vorstellung vom Chaos der Gefühle geben, wie man Panik auch umschreiben könnte. Machen Sie sich zunächst einmal klar, wo wir sind. In einer allein stehenden massiven Holzhütte im Wald. Würden Sie bitte einmal versuchen, die Tür zu öffnen?«, wandte er sich an den jungen Mann im Hanf-T-Shirt.

»Sie ist abgeschlossen!«, sagte der leicht irritiert.

»Sehr richtig, dasselbe gilt für die Fenster, es kann also niemand aus diesem Raum hinaus. Und nun möchte ich Ihre Aufmerksamkeit auf diese Tränengasgranate richten, vor deren Auswirkungen mich diese Gasmaske schützt, wohlgemerkt nur mich. Sollte mir jemand die Gasmaske streitig machen wollen, wollen Sie bitte noch diese Pistole beachten, mit deren Hilfe ich das verhindern werde. Und nun schön flach atmen!«

Mit lautem Zischen entwich das Gas, und beißender Nebel begann den Raum zu füllen.

Eine zierliche Rothaarige stand auf: »Eine Verbindung von Theorie und Praxis ist sicher vorteilhaft, Herr Seelig-Trömmler«, sagte sie in den dichter werdenden Nebel hinein, »aber was Sie hier veranstalten, finde ich etwas übertrieben.«

Dann griff sie ihren Stuhl und schleuderte ihn durchs Fenster.

Günther Krautscheid, Leiter der Spezialeinheit zur Terrorbekämpfung, gab seinen Kollegen den Befehl zum Sturm und warf selbst die Blendgranate durchs kaputte Fenster. Schon seit zwei Wochen hatten sie Informationen, die auf ein Schläfernest in der Gegend deuteten, und heute hatte der zuständige Förster den örtlichen Behörden verdächtige Aktivitäten in einer allein stehenden Hütte gemeldet. Da hatte Krautscheid keine Sekunde verloren, den Trupp sofort in Bewegung gesetzt, und gerade, als sie die Hütte unbemerkt erreicht hatten, waren ihnen die Glassplitter um die Ohren geflogen, wahrscheinlich ein Sprengstofftesttest – also sofortiger Zugriff!

Die Operation »Rumpelstilzchen« verlief wie im Film, innerhalb von Sekunden war die Tür gesprengt, und sämtliche Seminaristen lagen gefesselt auf dem Bauch nebeneinander auf dem Waldboden. Die zierliche Rothaarige, auf deren Rücken noch ein vermummter Soldat kniete, um die Fesseln zu kontrollieren, schaute direkt in das Gesicht des neben ihr liegenden Seminarleiters.

»Ich muss mich korrigieren«, sagte sie, »ich finde das nicht nur etwas, sondern weitaus mehr als übertrieben«, und drehte beleidigt den Kopf zur anderen Seite.

Der Soldat klebte ihr daraufhin den Mund zu, sodass sie keine Chance mehr hatte, ihm zu stecken, was sie aus ihrem neuen Blickwinkel sah: zwei Männer mit Bart und Burnus, die regungslos auf dem Dachgiebel des Hauses hockten, Yussuf und Günther, der sich allerdings seit einiger Zeit Hadschi Halef Omar Ben Hadschi Abul Abbas Ibn Hadschi Dawud al Gossara nannte.

DAS LETZTE GEFECHT

»In der nächsten Runde hast du ihn«, sagte Olli Würgener, der Meistermacher, zu seinem Schützling, »er atmet schon mit offenem Mund, mach Tempo und geh auf den Körper, das nimmt ihm die Luft!«

»Die wievielte Runde ist das, Trainer?«

»Die zweite, warum fragst du?«

»Weil ich es nicht wusste, ich dachte, es wäre die achte!«

»Na, sag mal, der Kampf geht nur über sechs Runden!«

»Ach, tatsächlich, und wie viele muss ich noch?«

»Noch fünf, das kannst du dir doch ausrechnen!«

»Wenn ich das könnte, wäre ich Mathematiklehrer geworden!«

»Würden Sie so freundlich sein, den Ring zu verlassen«, wandte sich der Ringrichter an den Trainer, »und Sie darf ich dann in die Ringmitte bitten, die Runde läuft bereits!«

»Dann ist das wohl der Gegner«, sagte Mike »Schnecke« Schönbohm mehr zu sich selbst, fixierte Bernd »die Lampe« Hoppmann und nahm die Deckung hoch. Seinen Spitznamen verdankte der gedrungene 35-jährige Sportler seiner großen, steckrübenförmigen, roten Nase, die zu allem Überfluss auch oft und stark blutete. »Hallo, haben wir nicht was vergessen?«, rief Olli Würgener, der Meistertrainer, hinter ihm her und wedelte mit dem Mundschutz.

»Sorry«, sagte Mike zum Referee, einem übergewichtigen Mittfünfziger aus Belgien, und taperte zu seinem Trainer, der ihm sorgfältig den rot gefärbten Kautschuk über die Zähne schob. Sie hatten schon oft und erbittert über Sinn oder Unsinn dieser Farbgebung diskutiert. Mike war der Ansicht, es lasse den Gegner glauben, er habe ihm schon die Fresse blutig geschlagen, mache ihm also Mut, der Trainer meinte, es signalisiere Wut und Wildheit, demoralisiere den Gegner also. Mikes Position in diesen Gesprächen war insofern die schwächere, als er dem roten Mundschutz seinen einzigen K.-o.-Sieg verdankte. Das Ding war ihm nach einem Stolperer rausgeflogen und auf dem Ringboden gelandet, der Gegner hatte entgeistert hingestarrt, weil er dachte, Mike hätte seine Zunge ausgespuckt, der Ringrichter hatte nicht rechtzeitig unterbrochen, weil er gerade einen halb vollen Plastikbecher Bier an den Kopf bekommen hatte, und dieses Zusammentreffen günstiger Umstände nutzte Mike »Schnecke« Schönbohm, um den Kampf mit einem Heumacher, wie er besonders von den Boxlaien in aller Welt geschätzt wird, vorzeitig zu beenden. In den Kämpfen danach hatte er den Mundschutz mehrfach absichtlich ausgespuckt, was ihm aber nur jeweils eine Verwarnung eingebracht hatte. Danach war der Trainer so sauer, dass er nicht mehr mit ihm gesprochen hat, woraufhin Mike ziemlich alt aussah, denn er war ein Boxer, der klare Anweisungen brauchte wie nach dem Pausengong ein »Hierher, du Vollpfosten«, weil er sonst unweigerlich in die falsche Ringecke marschierte.

Mike hatte schon oft bei sich gedacht: »Ich muss mal was wegen meinem Kurzzeitgedächtnis unternehmen«, es aber immer gleich wieder vergessen. Aber heute hatte er ein gutes Gefühl. Gerade war ihm sogar der Name seines Gegners wieder eingefallen, jedenfalls teilweise. »Das war doch was mit Leuchte oder so«, dachte er, ging Kopf voran in den Clinch und traf mit der Stirn Bernds Nase, die daraufhin förmlich explodierte. Der Ringrichter schickte die Lampe erst mal in die Ecke zum Blutstillen. Mike blieb in der Ringmitte stehen, weil niemand ihm Anweisungen gab, begann aber sicherheitshalber, mit hochgerissenen Armen zu tanzen. Die Zuschauer jubelten ihm freundlich zu, und plötzlich fühlte sich Mike in seine Kindheit zurückversetzt. Seine Mutter war Balletttänzerin gewesen, und sein Vater, ein Bergmann, hatte ihn oft mitgenommen unter Tage, um seine Klaustrophobie zu bekämpfen, die er im Förderkorb, mit zehn Kumpels zusammengepfercht, besonders intensiv spürte. Er hätte viel lieber im Theater gesessen und seiner Mutter zugeschaut, im »Schwanensee« zum Beispiel, aber Vater sagte: »Wo hasse mehr Angst, im Theater oder auf Zeche?« »Auf Zeche«, hatte Mike wahrheitsgemäß geantwortet, und sein Vater sagte: »Siehße, und daran müssen wir arbeiten.«

Das war auch das Letzte, was Vater je zu ihm gesagt hatte, denn zwei Tage später war er bei einer Schlagwetterexplosion ums Leben gekommen. Deswegen hatte er sich damals ohne Zögern für die Bühne entschieden, aber beim Probieren von Mamas Ballettschuhen war ihm klar geworden, dass er etwas Passenderes suchen musste. Auf die Idee zu boxen hatte ihn schließlich Onkel Heinz gebracht, der nach Papas Explosion schlagartig bei ihnen eingezogen war.

Am nächsten Tag hatte Mamas neuer Lebensgefährte

ihm zwei Paar alte Boxhandschuhe gezeigt und gesagt: »Mike, hömma, folgendermaßen läuft dat ab getz, du machs, wat ich dir sach, und wenn dir dat nich passt, boxen wir drei Runden, und immer wenn du mich umhaußt, brauchße dat nich zu machen, wie findse dat?«

Das fand Mike o.k., und als der Onkel sagte: »Getz verpiss dich mal für zwei Stunden, Mama und ich wollen 'ne Runde poppen!«, reichte er ihm nur stumm die Handschuhe.

Eine Minute später war der Onkel k.o. Als er wieder zu sich kam, sagte er: »Wow, wat ein Hammer, aus dich mach ich ein ganz Großen, ich seh schon die Plakate: Dortmunder Westfalenhalle, Hauptkampf: der Panther aus dem Pott gegen den Killer aus Kiel, wie findse dat?«

Das fand Mike toll, leider war es auch das Letzte, was Onkel Heinz je zu ihm gesagt hatte. Noch am selben Abend war er mit ihren gesamten Ersparnissen verschwunden. Jahrelang hatte Mike geglaubt, sein Hammer wäre schuld daran und somit an Mamas Tränen. Die Erinnerungen flogen nun in Lichtgeschwindigkeit an seinen geschwollenen Augen vorbei, und plötzlich fühlte Mike die gleiche Wut in sich aufsteigen wie damals auf Onkel Heinz. Ein konvulsivisches Zucken schüttelte seinen ungeschlachten Körper und gleichzeitig alle Blockaden von ihm ab, wie Wasser von einem frisch gebadeten Hund.

Das Publikum, das ein sehr feines Gespür dafür hat, wenn im Sport große Dinge bevorstehen, begann zu toben. Der Referee gab den Kampf wieder frei. Emotionslos registrierte Mike, dass Bernds Nase mittlerweile auf Nachttischlampengröße angeschwollen war. Nie wieder würde er irgendeine Anweisung benötigen. Mike fühlte sich unbesiegbar, schwerelos einerseits, andererseits so kraftvoll wie eine gemischte Raubtiergruppe.

Zwei schnelle Schritte brachten ihn in die richtige Distanz, ein linker Haken auf die Leber zog die Deckung des Gegners nach unten und machte den Weg frei für eine Rechte, die – gäbe es im Boxen ein Pendant zum Tor des Jahres – für alle Zeiten diese Liste angeführt hätte. Die Wiederherstellung von Bernds nahezu atomisiertem Riechkolben hielt ein Chirurgenteam fast ein Jahr in Lohn und Brot, noch in der 28. Reihe registrierte eine begeisterte Zuschauerin Blutspritzer auf ihrem weißen Blüschen – Olli Würgener war sprachlos.

»Wow, Mike«, brach es später auf der Heimfahrt im Bus aus ihm heraus, »was für ein Hammer! Sensationell! Aus dir mach ich einen ganz Großen. Ich seh schon die Plakate am Madison Square Garden. Aber nun verrat mir doch mal, was da plötzlich in dich gefahren ist?«

»Wie? Wann?«, fragte Mike.

DAS SCHACHSPIEL

Punkt elf Uhr betrat Jiři Stepanow das kleine Café, das sie für ihre Entscheidungspartie ausgemacht hatten. Roman Ivanauskas war noch nicht da. Jiři entschied sich für einen Tisch im hinteren Teil des Ladens, weil sie dort vermutlich ungestört würden spielen können. Die Bedienung, eine fast quadratisch wirkende Mittsechzigerin, fragte strahlend nach seinen Wünschen. »Das französische Frühstück für zwei bitte«, bestellte er.

»Ach, es kommt also noch jemand?«, fragte sie auf eine Art und Weise, die Jiři augenblicklich den Schweiß auf Stirn und Handflächen trieb.

Die Stimme klang quäkig und viel zu laut und kam überdies im typisch rheinischen Singsang daher, den er seit seiner Ehe hasste wie die Pest.

Trotzdem quälte er sich ein Lächeln ab und sagte: »Hoffentlich.«

»Ach, Sie haben ein Rendezvous und sind sich noch nicht sicher, ob die junge Dame auch kommt?«, fragte die Kellnerin, deren Interesse sich vom Kellnern zur Gesellschaftsspalte verlagert zu haben schien, wie die Klatschjournalisten ihr Gewerbe zu euphemisieren pflegen.

»Nein, ich erwarte einen Herrn«, gab Jiři zurück, und zu seinem Entsetzen bemerkte er, dass er nur noch eine Winzigkeit vom Verlust der Selbstbeherrschung entfernt war.

»Oder so«, trompetete die Kellnerin und ging endlich.

Jiři schloss die Augen und konzentrierte sich auf seinen Atem, wie er es gelernt hatte. Er registrierte erleichtert, wie sein Herzschlag langsamer wurde, und packte das Schachspiel aus. Es war ein wunderschönes altes Klappspiel aus Kirschholz, etwas mehr als halb so groß wie ein Turnierbrett, mit Figuren aus Elfenbein. Sein Großvater hatte es ihm vererbt, und Jiři trug es fast immer bei sich. Fast zärtlich begann er, die Figuren aufzubauen.

»Wat wird dat denn, wenn et fertisch is?«, riss ihn die Presslufthupenstimme der Kellnerin aus seiner Andacht.

»Wonach sieht es denn aus?«, fragte Jiři in einer Anwandlung von Patzigkeit zurück, die er sich nur sehr selten gönnte.

»Jetzt nur nisch pampisch werden, Freundschen«, ging die Bedienung hoch wie ein Chinaböller, »dat is hier en Café un keine Spielhölle.«

»Schach ist kein Glücksspiel, gute Frau«, sagte Jiři, »in den meisten Cafés, die ich kenne, werden Schachspieler sehr gerne gesehen.«

»Na, dann haben Sie ja jede Menge Ausweichmöglichkeiten, hier wird jedenfalls nicht mehr gezockt.«

Ignoranz und Aggressivität sind meine Lieblingskombination. Das dachte er natürlich nur, denn Fremdwörter würden den im falschen Körper gefangenen Hauptfeldwebel gewiss nur noch höher auf die Palme jagen.

»Ist Ihr Chef der gleichen Ansicht?«, fragte Jiři betont ruhig.

»Hier gibt es keinen Chef, Burschi, sondern eine Chefin«, fuhr sie ihn an.

»Dann holen Sie die doch, bitte.«

»Von mir aus, wenn Sie sofort rausfliegen wollen.«

Sie drehte ab und marschierte auf die Küche zu. Jetzt bemerkte Jiři auch ihre fast affenhaft behaarten Beine, was sein Gefühl, in einer Geisterbahn zu sitzen, verstärkte. Dabei hatte Roman das Café so warm empfohlen. In diesem Moment erklangen leise Geigentöne aus einer offenbar teuren Stereoanlage, und Jiři entspannte sich. Er kannte das Stück, ein Streichsextett von Haydn, es hieß »Echo«, Divertimento Es-Dur für zweimal zwei Violinen und Bass, in verschiedenen Zimmern aufgestellt. Oh, là, là, passender könnte die Musikuntermalung für unser Turnier-Endspiel nicht sein, dachte er entzückt, da flog die Küchentür auf.

Eine ebenfalls fast quadratisch und maskulin wirkende Frau erschien. Sie trug eine Augenklappe, und ihr Gesicht war von einer soliden Pubertätsakne verwüstet. Aber das Ungewöhnliche war ihre Größe. Es mochten vielleicht 1,20 m sein. Und sie trug High Heels.

Jiři versuchte, sich seine Überraschung nicht anmerken zu lassen.

»Gnädige Frau…«, setzte er an, als sie ihn schon mit dröhnendem Bass unterbrach: »Wissen Sie, wat Sie können?«

»Keine Ahnung«, antwortete der verdutzte Tscheche.

»Sich Ihre Schachpüppchen einzeln in den Hintern schieben!«, dröhnte das kleine Monster.

»Oh, aber mein Freund Roman hat mir diese Lokalität als geradezu ideal zum Schachspiel empfohlen«, antwortete Jiři befremdet.

»War se auch, bis dein Freund Roman mich anjesoffen jefragt hat, ob ich nicht als Könijin einspringen könnte, als er seinen zweiten Bauern durchjebracht hatte. Seitdem hat dein Freund Lokalverbot, und jeder, der hier Schach spielen will, fliescht raus!«

In diesem Moment trat Roman durch die Tür.

Er kam sofort an Jiřis Tisch, ohne die kleine Chefin eines Blickes zu würdigen, und fragte laut: »Wie nennt man die Schambehaarung einer Liliputanerin?«

Jiři zuckte fassungslos mit den Achseln.

»Zwerchfell«, sagte Roman grinsend.

Mit einem Wutschrei stürzte sich die Zwergwüchsige auf ihn, Roman bedachte sie mit einem gewaltigen Fußtritt, der sie hinter die Theke beförderte, wo sie wimmernd liegen blieb.

»Glotz nicht so blöd«, fuhr Roman die vierschrötige Kellnerin an, »bring Kaffee, aber hurtigen Schenkels und in netter Form, oder muss ich dir auch eine scheuern?«

Wortlos zog sich die Bedienung zurück.

»Und nun bau auf, ich will hier nicht den Rest meines Lebens verbringen«, blaffte Roman seinen völlig entgeisterten Schachpartner an. Sie kannten sich nur aus dem Internet, hatten etliche hochklassige Partien gespielt, und nachdem jeder 15 Siege und zehn Remis auf dem Konto hatte, wollten sie die alles entscheidende Partie Auge in Auge spielen. In diesem Café. Es sollte um zehntausend Euro gehen. Jiři merkte, wie ihm der Schweiß aus den Achselhöhlen seitlich am Körper herunterlief. Seine Finger zitterten, als er das Spiel aufbaute. Roman kriegte Weiß, spielte eine sehr seltene Offbeatvariante des Belgrader Gambits, Jiři geriet sofort in Rückstand, fing sich aber noch einmal.

Roman sprang plötzlich auf, ging Richtung Küche und schrie: »Wenn jetzt nicht augenblicklich der Kaffee kommt, passiert ein Unglück!«

Der Kaffee kam nicht, und das Unglück passierte, zumindest deuteten das Geschepper und Geschrei, die aus der Küche drangen, darauf hin. Roman kam zurück und zog, fast ohne hinzusehen; die blutende Kellnerin folgte auf dem Fuße mit dem Kaffee.

Im 19. Zug musste Jiři die Dame opfern, Roman schrie: »Becherovka!«, woraufhin die Chefin augenblicklich herbeistürzte, so schnell es die kurzen Beine erlaubten, und den würzigen tschechischen Kräuterlikör servierte. Sie fragte Jiři erst gar nicht, ob er vielleicht auch einen wolle.

Wenige Minuten später war das Spiel zu Ende. Zehntausend Euro wechselten den Besitzer, und Jiři verließ das Café.

Roman rief: »Kommt her, Mädels, lasst uns feiern!«

Die Damen brachten Schampus und setzten sich.

»Man kann nicht immer gewinnen«, sagte Roman und hob das Glas, »ihr wart klasse, wie immer, aber der Typ spielt einfach toll, und die Falle mit der geopferten Dame hab ich echt nicht gerafft. Was soll's, habe schon ein neues Opfer im Visier, prost!«

»Danke für die Recherche«, sagte Jiři zu Wenzel, dem Privatdetektiv, und schob ihm den Umschlag mit tausend Euro über den Tisch des Ecklokals. »Ist doch gut zu wissen, dass der Schachpartner früher mal Mitglied einer berühmten tschechischen Stunttruppe war, zusammen mit einer großen und einer sehr kleinen Frau, und seit einiger Zeit mit ihnen ein Café betreibt.«

DER FRAUENFLÜSTERER

Ich kannte sie jetzt genau zwei Monate. Es ist wichtig, dass man sich solche Daten merkt, um sie bei passender Gelegenheit einstreuen zu können: »Hey, weißt du, dass wir uns jetzt genau seit 244 Stunden und 23 Minuten kennen? Ich habe jede davon genossen – und du?«

Kennengelernt hatten wir uns im Supermarkt. Sie hatte ihr Portemonnaie vergessen, und ich stand zufällig hinter ihr an der Kasse. Glaubte sie, also das mit dem Zufall.

Die Kassiererin hatte alles gescannt und sagte: »Das macht dann 43,60 bitte.«

Tasche öffnen, gucken, Schreck, wühlen, mehr Schreck, noch mal wühlen, Panik, gehetzt um sich gucken.

»Oh, das ist mir jetzt so was von peinlich, ich hab mein Geld vergessen, das ist mir noch nie passiert, was machen wir denn jetzt?«

»Was Sie machen, weiß ich nicht, aber ich storniere jetzt das ganze Zeug«, brummte die Kassiererin, offensichtlich noch vom alten Schlag, noch nicht durch die modernen Selling-Schulungen gegangen, von wegen »Einen schönen Nachmittag noch für Sie!«.

Ich reiche ihr einen Fuffi rüber und sage: »Gestatten Sie mir, Ihnen aus der Verlegenheit zu helfen?«

Sie: »Oh, das ist … aber ich kenne Sie doch gar nicht!«

Ich: »Nun, das muss ja nicht so bleiben.«

Die bauchfreie, gepiercte 16-Jährige hinter mir in der

Schlange verdrehte fast hörbar die Augen. Um es kurz zu machen: Erstschlag, Treffer, versenkt. Abendessen, nach Hause bringen, zweites Treffen Essen, Kino, nach Hause bringen, scheuer Kuss, am dritten Abend anschließend in die Kiste, ganz nach amerikanischer Schule. Und heute war nun Valentinstag.

Ich rufe an und sage: »Du, Jenny, wir müssten mal reden, kannst du vielleicht heute rüberkommen?«, ganz ernste Stimme.

Sie, schon gleich leicht gepresst, fast stotternd: »Ja, was ist passiert, können wir....«

»Komm einfach rüber, geht's um vier?«

»Ja.«

Um Viertel nach vier klingelt es bei mir. »Ich bin's, Jenny!«

»Ich komme runter«, schnarre ich durch die Gegensprechanlage. Unten finde ich zwei weit aufgerissene Augen auf Beinen vor. Tollen Beinen übrigens. Die Augen auch, obwohl sie schon auf »Wasser marsch« stehen. Ich hake sie unter und ziehe sie die Straße runter.

»Ich habe mir was überlegt«, sage ich.

Punktgenau kommen wir vor einer richtig tollen italienischen Boutique zu stehen, wo ich schon das eine oder andere Mal fündig geworden bin.

»Siehst du das, was ich da sehe? Das Blüschen, den Nappa-Bolero, diesen Krepprock und die Riemchenpumps, die ein bisschen wie Manolo Blahniks aussehen? Ist alles deine Größe und schreit nach dir!«

Die Sachen standen ihr sagenhaft. Mit den Prozenten, die ich hier bekam, war es auch gar nicht so schlimm.

»Du siehst toll aus, schönen Valentinstag«, hauchte ich

ihr ins Ohr und ließ ganz kurz die Zunge rausschnellen. Und richtig: Wasser marsch. Alle Dämme brachen auf offener Straße, ihr Weinkrampf erinnerte an Michael Schumacher in Monza, als er Sennas Rekord eingestellt hatte. Nach fünf Minuten ging mir ihr Geplärr auf den Senkel.

»Jenny, ist gut jetzt«, sage ich zum x-ten Mal, den Hypnosemodus meiner Stimme aktivierend, »es ist doch nur eine kleine Aufmerksamkeit zum Valentinstag.«

Das Blöde bei Frauen ist, man kann eine körperchemische Reaktion, einmal in Gang gesetzt, nicht mehr kontrollieren. Jenny gab jetzt eine Heulboje mit frischen Batterien.

»Wenn du erst meine Frau bist, meine Weinkönigin, dann...«

»Nimm die Fottfinger von der Perle, du Penner!«, ranzt mich plötzlich ein Typ von der Seite an, schubst mich weg und zieht Jenny zu sich.

»Was erlauben Sie sich, Sie Blödmann, sehen Sie denn nicht, dass ich meine Freundin tröste«, schreie ich ihn an.

»Ihre Freundin, ja?«, lacht das Subjekt dreckig und legt Jenny demonstrativ den Arm um die Schulter. Meinem Überraschungsangriff kommt er mit einem Kopfstoß zuvor, der mich an eine Litfaßsäule schleudert. Ich sah rot, klar, denn das Blut aus meiner klaffenden Stirnwunde lief mir in die Augen.

»Wie findest du die Geschichte bis hierhin?«, fragte ich meine Frau, die die ganze Zeit an ihrem Pullover gestrickt hatte.

»Nett«, sagte sie, »aber wie soll das enden, wer ist der Typ?«

»Weiß ich noch nicht, vielleicht ihr Freund, den sie

wegen guter Führung vorzeitig aus dem Knast freigelassen haben.«

»Das ist doch doof, irgendwie total konstruiert, aber die Stelle mit dem Überraschungskauf in der Boutique ist nett, so was hast du mit mir noch nie gemacht. Guck mal, wie findest du den Pullover?«

»Nett, aber wirkt irgendwie total … selbst gestrickt.«

DER KONFLIKT

Horst legte den Ball auf den Elfmeterpunkt, drehte ihn mehrfach, bis die Nähte das Muster zeigten, das er brauchte, um verwandeln zu können. Aber er würde nicht verwandeln. 50 000 Euro sprachen dagegen, das war für einen Regionalligastürmer viel Holz, und es würde seinem behinderten Kind die Delfintherapie in Florida ermöglichen, in die seine Frau und er so viel Hoffnung setzten.

»Unten rechts rein«, zischte ihm Jonah zu, sein Stürmerkollege auf halblinks, in Deutschland geborener Halbsenegalese, der jeden Euro darauf verwandte, seinen Vater zu finden. »Der Keeper fliegt immer nach links, hörst du?«

Von diesem Elfer hing viel ab, womöglich der Klassenerhalt, und das bedeutete für alle auf dem Platz bares Geld.

Der Torwart starrte Horst ausdruckslos an. Er wirkte eiskalt, dabei hätte er am liebsten gekotzt. 25 große Zettel würde die Wettmafia dafür zahlen, dass seine Mannschaft dieses Spiel verlor, und da war ein nicht parierter Strafstoß Pflicht. 25 000 Euro waren genau die Summe, die er brauchte, um die Liebe seines Lebens, eine bulgarische Konzertpianistin mit einem IQ von 143, aus dem Bordell freizukaufen.

Horst ging sieben Meter zurück, sein Standardanlauf, und schloss kurz die Augen. Er hatte nicht mehr gebetet, seit seine drei Geschwister auf dem elterlichen Mähdrescher vom Blitz erschlagen worden waren.

Und er betete auch jetzt nicht. Er warf einen kurzen Blick auf den Schiedsrichter, der diesen Elfer niemals hätte pfeifen dürfen. Der Stürmer war einen Meter vor der Strafraumgrenze zu Fall gekommen, der gegnerische Verteidiger hatte ihn gar nicht berührt. Horst wusste das, denn er selbst war dieser Stürmer. Es war auch keine Schwalbe gewesen, sondern Schwäche. Diese verdammte Chemotherapie, von der niemand etwas wusste. Zum Glück waren Glatzen unter jungen Fußballern nichts Ungewöhnliches.

In diesem Moment platzte Freddi Oberon ganz vorne im Fanblock der Kragen. Bei der Bankenkrise hatte er seine ersparten 50 000 verloren, und jetzt sah er seinen Wetteinsatz auf dieses Spiel – die 15 000 von seiner bei einem Schwelbrand im Bett erstickten Tante, weil sie das Rauchen im Bett nicht lassen konnte – schon wieder den Bach runtergehen. Wie mit einem Raketenantrieb versehen, übersprang der 2,14 m große, durchtrainierte Angestellte einer Security-Firma die Absperrung und stürmte auf den Platz. Blitzschnell nahm er den Schiedsrichter und den Elfmeterschützen in den Schwitzkasten, band die beiden mit seinem Fanschal zusammen und warf das verknotete Bündel in den Sechzehnmeter-Raum. Acht Spieler, die glaubten, sich einmischen zu müssen, legte er mit fließenden Kombinationen aus Low- und High-Kicks, Karate- und Boxschlägen sowie Judotechniken auf den Rasen und sah nun äußerst gelassen den Schiedsrichterassistenten entgegen, die, mit Eckfahnen bewaffnet, auf Freddi zustürmten, der mit achtzehn zur Bundeswehr gegangen war, sich dort aber derart gelangweilt hatte, dass er desertierte und sich der Fremdenlegion anschloss. Hier blühte er erstmalig in seinem jungen Leben auf und lernte, mit Angreifern jedweder Art und Anzahl kurzen Prozess zu machen, so wie jetzt mit den zwei Linienrichtern, deren laienhafter Angriff ihn fast rührte, erkannte er in ihnen doch plötzlich Tim und Tom, die Betreiber einer Schwulen-Bar, die er oft und gern besuchte.

»Verpisst euch!«, zischte er ihnen gnädig zu und riss ihnen die Eckfahnen aus den Händen und zerbrach sie spielerisch. Dann führte er Horst am Ohr zum Elfmeterpunkt und sagte eindringlich: »Horst, du machst den jetzt rein, oder ich gebe dir deinen eigenen Sack zu fressen.«

Sie liefen gemeinsam an, und dann geschah etwas, das einem einsamen Wetter, im Zivilberuf Hellseher, bei einem englischen Wettanbieter auf einen Schlag zwei Millionen einbrachte: Es gab ein Erdbeben, die Erde tat sich auf und verschlang das Stadion mit Spielern, Offiziellen, Wettmafiosi, Zuschauern und geparkten Autos. Ganz so, wie es der Hellseher, der seit seinem unvorhergesehenen Autounfall an den Rollstuhl gefesselt war, vorhergesehen hatte.

DER MENTALIST (EL ZEPHALO)

»Wie viel ist 5 mal ...«

»275«, kam die Antwort, wie mit Lichtgeschwindigkeit.

»... 55«, kleckerte der Zuschauer nach, sichtlich um Fassung ringend. »Ich hatte die Frage nicht mal fertig gestellt«, stammelte er, »wie konnten Sie da das Ergebnis schon wissen?«

»Bin ich Mentalmagier, oder was?«, blaffte El Zephalo und wandte sich einer Zuschauerin zu. »Sie, die Dame in dem cremefarbenen Ensemble mit dem altrosa BH darunter und oh... là, là, das gehört wohl nicht hierher, würden Sie bitte auf die Bühne kommen?«

»Nein!!!«

»Ich wusste, dass Sie das sagen würden, aber Sie werden Ihre Meinung ändern, wenn ich sage, dass ich Ihnen anschließend ein Zettelchen zustecken werde mit Namen, Adresse und Telefonnummer der Person, mit der Ihr Mann Sie betrügt, oder?«

Die angesprochene Dame erhob sich.

»Hören Sie«, antwortete sie, »was die Farbe meiner Unterwäsche angeht, so kann ich Ihre Annahme nicht bestätigen, denn ich bin farbenblind, und was meinen Mann angeht, so überrascht mich gar nichts mehr. Aber wenn Sie mir sagen, wie die Geheimzahl seiner Mastercard lautet, dann komme ich zu Ihnen auf die Bühne.«

El Zephalo wirbelte seinen schwarzen Umhang herum.

»Sie wollen mich herausfordern? Ich wusste, dass Sie eine harte Nuss sind, aber ich werde Sie knacken ... später ... bitte ... jetzt muss ich mich konzentrieren.«

Er legte die Fingerspitzen an die Schläfen und murmelte, sich wie in Trance hin und her wiegend: »Er hat Schuhgröße 43, er ist 56 Jahre alt, er fährt einen 7er BMW, er hat graue Augen.«

Die Zuschauerköpfe bewegten sich wie beim Tennis von El Zephalo zu der Dame, die seine Angaben jeweils mit einem kurzen Nicken bestätigte. Als hätte er den Matchball verwandelt, riss der Mentalist plötzlich einen Arm hoch und zeigte wie mit einem Torerodegen auf die Dame: »Ja, ich bin sicher, die Nummer lautet 5643.«

»Prima«, rief die Dame, »dann werde ich das gleich mal überprüfen, der Geldautomat steht ja gleich nebenan, aber das wissen Sie natürlich!«

»Natürlich, und ich weiß auch, dass Sie sich das sparen können, denn Ihr Mann hat seine Mastercard sperren lassen.«

Weiß wie die Wand sank die Frau auf ihren Sitz zurück, das Publikum raste, und El Zephalo brachte seine Vorstellung zu Ende. Nach der Show klopfte es an seine Garderobe.

»Treten Sie doch ein, Frau von Wachenheim-Sobitzky«, sagte der Magier.

»Sie kennen meinen Namen?«, fragte die Frau fassungslos.

»Aber Gnädigste, das ist für einen Mentalisten von meinen Gnaden nun wirklich nicht der Rede wert, und ich wusste auch, dass Sie mich aufsuchen würden, denn Sie wollen noch eine Information von mir, richtig?«

»Nur das, was Sie mir zugesagt haben, den Namen der Person, mit der mein Mann mich betrügt.«

»Man kann es nicht Betrug nennen, wenn ein Mensch beschließt, dass er seine Ehe beenden muss, weil er ohne den neuen Partner nicht weiterleben kann, das werden auch Sie in Kürze begreifen. In diesem Umschlag finden Sie die Information, die ich Ihnen versprochen habe, aber es ist sehr wichtig, dass Sie diesen Umschlag erst öffnen, wenn Sie wieder zu Hause sind, es geht dabei um Leben und Tod.«

Der Magier löste langsam den Blick seiner stahlblauen Augen, die sich an den ihren förmlich festgesaugt hatten. Sie nickte stumm und ging. Daheim angekommen, stellte sie fest, dass ihr Mann bereits ausgezogen war. Erregt öffnete sie den Umschlag und entnahm ihm eine Visitenkarte. Sie gehörte El Zephalo.

DER STURZ

Es begann damit, dass Ewald die Kellertreppe hinunterstürzte. Weil anderthalb Flaschen apulischer Primitivo einen Männerkörper nahezu vollständig entspannen, trug er keinerlei sichtbare Schäden davon, aber als er mit drei neuen Flaschen im Arm wieder die Wohnküche betrat, sagte er: »Der Aufzug ist kaputt.«

Marga war in ein 3-D-Puzzle vertieft. Sie schaute nicht einmal hoch, als sie nachfragte: »Welcher Aufzug?«

»Na, der Aufzug hier«, antwortete Ewald und stellte die Flaschen auf den Tisch.

»Wir haben hier keinen Aufzug, Ewald«, sagte Marga und warf einen prüfenden Blick auf ihren Lebensgefährten. Er sah etwas erregt aus, und seine Physiognomie hatte einen leichten Linksdrall. Vielleicht ein Schlaganfall, dachte sie und überlegte, ob sie ihm nicht ein Mittagsschläfchen empfehlen sollte. Aber Ewald wirkte vergnügt, pfiff einen Wiener Walzer und tänzelte im Takt, während er eine Weinflasche öffnete.

Marga wollte sich schon wieder ihrem Puzzle zuwenden, da fragte er: »Soll ich für dich mal an der Stange tanzen?«

»Bist du verrückt geworden?«

Überrascht und mit leichtem Abscheu betrachtete Marga ihren mit dem Hinterteil wackelnden Ehemann.

»Du trinkst zu viel, und außerdem haben wir keine

Stange.« »Du hast keine Fantasie, ich könnte doch einen Besenstiel nehmen«, sagte Ewald, goss sich großzügig ein, füllte auch für Marga ein Gläschen und setzte sich zu ihr.

»Komm, Weiblein, stoß mal mit mir an«, forderte er sie auf, »lass uns auf das Leben trinken.«

»Du weißt doch, dass ich deinen Fusel nicht ausstehen kann«, sagte sie und schob angewidert ihr Glas weg.

Ewald kippte seines auf ex. »Mein Gott, es ist nicht leicht, ein Stachelschwein am Arsch zu lecken«, sagte er frustriert, lehnte sich zurück und verschränkte die Arme vor der Brust.

»Du bist gemein«, zischte sie.

»Und du bist sterbenslangweilig.«

Eine Zeit lang herrschte Ruhe. Plötzlich fuhr er hoch: »Wo sind meine Kasperpuppen?«

»Ewald, die sind in der Bombennacht in Dresden verbrannt, genau wie deine Eltern und Geschwister, das hab ich dir schon so oft erklärt, und jetzt gib Ruhe, ich muss mich konzentrieren«, sagte Marga streng.

Ewald starrte sie entgeistert an und begann leise zu weinen. »Ich bin 83 und Vollwaise und habe meine Kasperpuppen verloren, und du schreist mich an«, klagte er in einem schwer erträglichen Falsettton.

»Du bist 93, und in diesem Alter sind die allermeisten Menschen Vollwaisen, und mit Kasperpuppen spielen sie auch nur noch in den seltensten Fällen«, sagte Marga in begütigendem Tonfall. Sie ahnte schon, wie der Nachmittag wieder verlaufen würde, und ihr graute davor. Sie setzte die Elektroschocks wirklich nur sehr ungern ein, denn Ewald vertrug sie nicht mehr gut, aber medikamentös war seinen Aussetzern, wie sie es freundlich nannte, nicht mehr beizukommen; er verweigerte die Einnahme, und auf dem Höhepunkt seiner Aggressionen legte er eine fast beängstigende Fantasie an den Tag, was die Auswahl der Instrumente anging, mit denen er die Objekte seines Zorns, in der Regel sie, Marga, von fern und nah traktierte.

»Ich bin ein seltener Fall«, stellte Ewald klar und switchte von weinerlich auf schnippisch, »und wenn du mit Puzzlemännchen spielst, kann ich erst recht mit Kasperpüppchen spielen!«

Er goss sich Wein nach, nahm einen großen Schluck und begann »tri, tra, trullala« zu pfeifen.

Stumm abwartend und die Puzzleteile zu einer Kugel zusammenfügend, beobachtete Marga aus den Augenwinkeln, wie er sich in der Küche zu schaffen machte. Die zwei Weinflaschen auf dem Tisch verband er mit einem Rest Paketband, legte ein kariertes Trockentuch über die Schnur, sodass eine kleine Puppenbühne entstand. Dahinter, ihrem Blick verborgen, fummelte er mit allerlei Utensilien herum.

»Tusch«, rief er plötzlich laut, wobei sein Gebiss herausflog, das aber von den zwei Topfdeckeln, die er fast im selben Moment zusammenschlug, gleich wieder eingefangen wurde.

Marga fühlte Entsetzen in sich aufsteigen, als sie in den leeren, weit geöffneten Mund ihres hell auflachenden Mannes sah, dem die Klangutensilien geräuschvoll aus den Händen fielen. Statt die Zähne wieder einzusetzen, steckte er sie in die Hosentasche und verkündete: »Ber Basper bommt!«

Auf der Bühne erschien nun ein geblümtes Küchentuch mit einem Knoten als Kopf und aufgemalten Augen.

»Hallo Binder, seib ihr alle ba?«, fragte der Kasper und wedelte ungestüm mit einer Fliegenklatsche. Marga verharrte sprachlos.

»Ich sehe beine Binder, ich sehe nur seelenlose Bappbameraben«, rief er erregt, »wo sind die Binder? Raus mit ber Brache, sonst bibt's Baures! Na?«

Bevor Marga reagieren konnte, haute der Kasper mit der Patsche ihre Puzzle-Kugel kaputt.

Das Haus brannte völlig nieder, die Brandexperten von Polizei und Feuerwehr standen vor einem Rätsel, zumal dieser Brand der erste in einer ganzen Serie von Feuersbrünsten war, denen immer ältere Männer zum Opfer fielen. Ewald hatte man anhand der beiden künstlichen Gebisshälften identifizieren können, von Marga S. fehlte jede Spur.

DER TOTE

»So was habe ich noch nicht erlebt«, knurrte der Inspektor, »das gibt es einfach nicht! Der Mann ist in seinem Garten ermordet worden und wird in seinem Fernsehsessel sitzend gefunden. Aber es gibt keine Schleifspuren, keine Fußabdrücke, nichts. Wir haben einfach keinen Hinweis darauf, wie und warum er in seinen Scheißsessel gekommen ist!«

»Und wieso seid ihr so sicher, dass der Mann im Garten ermordet wurde?«, fragte seine Frau.

»Liebes, der Bursche wurde vom Adamsapfel bis zu den Klöten aufgeschlitzt, er ist fast völlig ausgeblutet, der Eisengehalt des Gartenbodens an dieser Stelle verrät, dass etwa vier Liter aus ihm rausgelaufen sind, mit nur noch einem Liter läuft niemand mehr quer durch den Garten und setzt sich vor den Fernseher, nicht mal, wenn Julia Roberts kommt!«

»Zeig mir mal die Fotos«, sagte seine Frau.

»Schatz, das ist Blödsinn, du schläfst eine Woche nicht!«

»Los, mach schon, ein bisschen weibliche Intuition kann nie schaden!« Widerwillig schob Inspektor Willouby seiner Frau Esther den Packen Tatortfotos hinüber. Sie betrachtete sie schweigend und sagte dann: »Warum lächelt der Mann?«

»Also, wenn ich so was schon lese«, erregte sich Dietmar von Boretzky, »wenn ich so was lese, diese Möchtegerndetektivinnen, dabei sagt jede Statistik, dass in der Polizeiarbeit äußerst selten ein Fall von einer weiblichen Beamtin gelöst wird, und deshalb sind Krimis, die von Frauen geschrieben werden, einfach scheiße!« »Jetzt beruhige dich doch, das ist ja geradezu kindisch«, sagte Evi Auch-von Boretzky, die sich in ihrem Leben schon so manches Scherzwort über ihren Doppelnamen hatte anhören müssen, aber sie fand ihren Mädchennamen Auch einfach schick und witzig, hätte ihn am liebsten auch behalten, war dabei aber bei ihrem adligen Gatten auf viel Unverständnis gestoßen (»Andere Leute zahlen einen Haufen Geld für einen Adelstitel!«), und so hatte man sich auf diesen Kompromiss geeinigt.

Ihr Mann goss sich gerade einen vierfachen Jack Daniels ein.

»Evi auch!«, sagte Evi und fuhr fort: »Wie kann man denn nach einem Absatz schon über ein Buch meckern, gib mal her!« Sie nahm das Buch und las laut vor.

»Also ein Lächeln würde ich das nicht nennen«, brummte der Inspektor.

»Und die Augen sind geschlossen«, fuhr seine Frau fort, »die muss doch jemand zugedrückt haben; ich finde, der Mann wirkt friedlich, so, als hätte er eine letzte Aufgabe bravourös erfüllt. Warum ist er eigentlich im Garten nackt und in seinem Fernsehsessel angezogen?«

»Das wissen wir nicht, die Untersuchungen laufen ja noch.«

»Was war eigentlich im DVD-Player?«

»Das ist doch völlig uninteressant, er hat doch sowieso nicht mehr geguckt, jetzt nerv mich nicht!«

»Ich sage dir, wie es war, er wusste, er muss sterben, Krebs im Endstadium, um aber seiner Tochter das Studium zu finanzieren, hat er der Drogenmafia einen Deal vorgeschlagen, er lässt sich eine riesige Menge Koks oder Heroin in den Ma-

gen legen, das wird zugenäht, er schmuggelt das ins Land, die Jungs entnehmen den Beutel, es sieht aus wie Mord, und die Klamotten mussten sie verschwinden lassen, weil es ja zwei Kleidergrößen mehr waren!«

»Gute Güte, so ein Quatsch kann auch nur einer Frau einfallen«, schnaubte Dietmar, »in den Magen legen, wenn ich so was schon höre, der Magen ist doch keine Schublade, die man aufzieht und vollpackt. Außerdem passen in einen Magen keine Kilos, höchstens eines, und dafür bräuchte man nicht gleich zwei Kleidergrößen mehr, und für ein Kilo von dem Zeug würde sich der ganze Aufwand sowieso nicht lohnen. Das ist alles gequirlte Kacke.«

»Warte doch erst mal ab«, sagte Evi beschwichtigend, »es ist doch völlig normal, dass am Anfang so eines Falls spekuliert wird, und vielleicht ging es ja auch gar nicht um den Mageninhalt, sondern um den Magen selbst oder die Leber. Vielleicht hatte der Tote keinen Krebs, sondern der Auftraggeber, ein reicher Reeder mit seltener Blutgruppe, der dringend einen Spender brauchte, hat ihn umbringen lassen, dann wäre es Organraubmord, und das kommt ja heutzutage immer öfter vor.«

»Und warum bitte schön sollten sich derart abgefuckte Killer die Mühe machen, ihr Opfer ohne Spuren in den Fernsehsessel zu hieven, nachdem sie sich die Leber geschnappt haben, he?«

»Wieso, könnte doch sein, dass der Killer in einer Zwangslage war, erpresst wurde, vielleicht hat man seine Tochter entführt und droht, sie umzubringen.« »Was hat das jetzt mit dem Fernsehsessel zu tun?«, fragte Dietmar leicht gereizt. »Na ja, das würde zeigen, dass der Killer im Grunde seines Herzens ein Sensibelchen ist, dem es leidtut und das dem Opfer dadurch ein bisschen Würde zurückgeben wollte, anstatt es ausgeschlachtet einfach im Garten liegen zu lassen.«

Jetzt ergriff Dietmar die Schwarte und las weiter.

»Soweit wir wissen, Schatz, hatte der Mann keine Tochter, auch keine Familie, sondern lebte allein in seiner Villa und betrieb ein offenbar sehr lukratives Im- und Exportgeschäft, mit was, wissen wir noch nicht. Und nun lass gut sein, Esther, und geh schlafen. Ich komme auch gleich.«

»Das ist der erste vernünftige Satz in diesem Buch«, sagte Dietmar, »und genau das machen wir jetzt auch.«

»Schade«, dachte Evi, »dann wird der gute Dietmar nie erfahren, dass das Ganze das Werk von Außerirdischen war und dass der Mann wiederauferstehen würde, weil die Außerirdischen einen synthetischen Blutersatz ausprobieren wollten, und und und...«

Und er würde nicht erfahren, dass die Autorin Undine Tonne in Wirklichkeit Evi Auch-von Boretzky hieß.

DER UNFALL

Der Aufprall war gar nicht so schlimm, wie man hätte denken können. Walter hatte bei Tempo 70 versucht, einem Reh auszuweichen, das urplötzlich auf der beiderseits von alten Ulmen gesäumten Chaussee stand. Vielleicht hatte er ein bisschen geträumt. »Stairway to Heaven« steht ja auch auf ewig in der Bestenliste ganz oben. Eine Ulme lässt sich so leicht nicht beeindrucken, schon gar nicht von einem Smart.

»Scheiß die Wand an, Renate, alles o.k.?«

Es sah nicht so aus; Renate hing leblos im Sicherheitsgurt, der Kopf lag auf der Brust.

»Erst mal raus hier«, dachte Walter, schnallte sich ab, konnte mit Mühe die Fahrertür öffnen, rannte um den Wagen herum, die Beifahrertür machte noch mehr Schwierigkeiten, aber schließlich hatte er seine Verlobte aus dem Wagen gezerrt und trug sie ein paar Meter weiter, wo er sie im Gras in die stabile Seitenlage brachte. Ein Handy wäre jetzt nicht schlecht, dachte er, aber bisher hatte er sich den Luxus gegönnt, nicht immer erreichbar zu sein, und war dafür viel beneidet worden.

Er begann sofort mit der Wiederbelebung. Nach zwanzig Minuten war er schweißnass und am Ende seiner Kräfte, als sie die Augen aufschlug und ihn anlächelte.

»Siegfried«, sagte sie, »ich weiß nicht, was ich sagen soll!«

»Sag einfach Walter zu mir«, sagte Walter glücklich und ließ sich erschöpft rücklings ins Gras fallen.

»Mein Geliebter, warum liegt Ihr plötzlich so ermattet da zu dieser holden Stunde, die uns die Gunst der Nähe schenkt?«

Zu Walters Ganzkörperzittern gesellte sich nun Ohrensausen. Er hörte sich selbst wie durch Watte sprechen: »Renate, ich bin's, dein Walter!«

»Wollt Ihr mich zum Besten halten, Siegfried, mich, Kriemhild, die Euch mehr liebt als ihr Leben?«

»Komm wieder zu dir, Renate. Wir sind nicht vom Pferd gefallen, sondern gegen einen Baum gefahren. Und das ist hier nicht der Schlosspark, sondern der Boden der Tatsachen.«

Walter schaute in den Himmel, den gerade ein Düsenflugzeug überquerte.

Renate richtete ebenfalls den Blick nach oben und sagte: »Die Drachen fliegen zum Glück heute sehr hoch, sodass sie uns nicht sehen können, sonst müsstet Ihr wieder Euer Schwert Balmung sprechen lassen.«

»Renate, um Himmels willen, krieg dich ein!«

»Siegfried, wie redet Ihr denn? Habt Ihr so früh schon dem Weine zugesprochen? Ihr wisst, dass wir heute bei meinem Bruder Gunther und Brunhild zum Kaffee eingeladen sind?«

»Na schön«, dachte Walter, »bin ich eben Siegfried, wenn's ihr Spaß macht.«

»Ja klar weiß ich das, ich freu mich auch schon ganz doll, hoffentlich muss ich nicht wieder unter der Tarnkappe Gunther gegen Brunhild in irgendeiner Sportart helfen!«

»Siegfried, was redet Ihr da, mein Bruder ist Manns genug, sein Weib zu unterwerfen, wann immer er will.«

»Ach du Scheiße«, dachte Walter, »die Ärmste kennt ja die Story gar nicht, das war ja Gunthers und mein Geheimnis!« Und schnell fuhr er fort: »Das war doch nur ein kleiner Scherz, liebste Kriemhild, aber sagt einmal, warum habt Ihr mir eigentlich auf jedes Wams so ein kleines Kreuz aufs linke Schulterblatt genäht?« Renates Wangen glühten auf einmal himbeerfarben. »Ich sollte es Euch eigentlich nicht sagen, geliebter Mann, aber Hagen bat mich darum, damit er Euch besser beschützen kann!«

»Hagen, das alte Arschloch? Dem traue ich keinen Meter weit, ich sag dir was, Kriemhild, der will mich hinterrücks ermorden, und du solltest das Kreuzchen aufnähen, damit er weiß, wo meine einzige verwundbare Stelle ist.«

»Wo das Lindenblatt hinfiel, als Ihr in Drachenblut badetet, ja, geliebter Siegfried, ich weiß; ich kann zwar nicht glauben, dass Hagen Euch Arges will, aber ich könnte doch einfach das Kreuzchen auf die falsche Seite nähen, was meint Ihr?« »Hey, das ist meine pfiffige kleine Rena, ich meine natürlich Kriemhild, und wenn er mir dann den Speer von hinten reinrammen will, dann häng ich ihn an seinen eigenen Klöten auf!«

Im nächsten Moment hörte Walter ein fürchterliches Knarren und dann nichts mehr. Die gerammte Ulme hatte ihn unter sich begraben. Renate richtete sich auf. Der fallende Baum hatte sie nur gestreift.

»Mein Gott, Walter«, stammelte sie und starrte auf die leblose Hand, die unter dem Baum hervorschaute, »was ist passiert?«

Aus dem Auto, das mit quietschenden Reifen auf der

Straße gebremst hatte, sprang ein junger Mann und eilte auf sie zu. »Bleiben Sie ganz ruhig, ich bin Arzt, mein Name ist Hagen von Tronje.«

DER VORLESER

Gestatten, mein Name ist Carl F. Loewenich, ich bin Vorleser für schwierige Fälle. Wenn Sie z. B. ein Kind haben, das auf Literatur überhaupt nicht anspringt, nur vor der Glotze sitzt oder der Playstation oder nur auf Computerspiele abfährt, rufen Sie mich an. Ich gucke mir das kleine Monster an, mache eine Anamnese, informiere mich also über die intellektuelle Krankheitsgeschichte, checke Interessen, ist das Kind also eher technisch, strategisch oder vielleicht sogar ethisch orientiert, sondiere die Temperamentslage, ist das Kind Sanguiniker, Misanthrop usw., und beim nächsten Besuch zu 100 Euro habe ich ein Flightcase voller Literatur dabei, mit der ich dann die Feinabstimmung vornehmen kann; ab der vierten Sitzung habe ich das Kind süchtig gelesen, so gut wie immer.

Der zweite Auftraggeberkreis sind die Kinder alter Eltern, die, sei es zu Hause, sei es im Seniorenstift, anfangen apathisch zu werden, nicht mehr lesen, nicht mehr fernsehen, keine sozialen Kontakte mehr suchen, auch hier wirke ich Wunder, genau wie bei frisch Verlassenen beiderlei Geschlechts, da muss ich immer aufpassen, da findet ruck, zuck eine Übertragung statt, und die Klientin fixiert sich total auf mich, manchmal auch der Klient. Da erhöhe ich dann erst mal die Tarife, das hilft meistens. Einmal habe ich mir allerdings fast die Zähne ausgebissen, so beginnt die Geschichte, die ich in Gesellschaft gern erzähle, wenn es heißt: »Das ist ja ein interessanter Beruf, da passiert Ihnen doch sicher jede Menge Aufregendes, oder?«

Ein Ehepaar bestand trotz exorbitanter Honorarforderungen darauf, dass ich ihrem Hund vorlese. Der Arme leide furchtbar unter der Trennung von ihrer Tochter, die für ein Jahr im Ausland studiere, greinte die Dame des Hauses, er verweigere die Nahrungsaufnahme und verlöre allmählich sein Fell. Auch meine Ausrede, dass ich einem Irish Setter doch sicher in Irisch vorlesen müsste, was ich aber leider nicht beherrschte, wurde abgewiegelt. Der versteht Sie schon, das ist der klügste Hund, den wir je hatten, meinten Herrchen und Frauchen, gleichzeitig nickend. Um es kurz zu machen, ich wählte eine Erzählung aus den »Dubliners« von Joyce in der Hoffnung, dass irische Temperamente sich gegenseitig heilen würden, und brachte sie dem vierbeinigen Landsmann zu Gehör. Nach drei Sätzen verkroch sich die traurige Töle unterm Bücherregal, und noch drei Sätze weiter begann sie laut zu winseln. Ich schwenkte sofort um auf »Wolfsblut« von Jack London, die wohl berühmteste Hundegeschichte der Welt, was den Hund augenblicklich aus seinem Versteck holte. Mit heftigem Schwanzwedeln umkreiste er mich freudig, nahm zu meinen Füßen Platz und betrachtete mich aufmerksam. »Schockheilung«, dachte ich, »der Fall ist erledigt«, und holte meine Pfeife hervor, um mich vorab oral ein wenig zu belohnen. »Na siehste, es geht doch«, sagte ich zum Hund und steckte mir die Pfeife zwischen die Zähne. Im selben Moment sprang der Hund mich aus dem Stand an, schnappte die Pfeife, riss sie mir aus dem Mund und die vorderen Stiftzähne gleich mit.

»Oh wunderbar, er frisst wieder«, rief Frauchen, das neugierig den Kopf zur Tür hereingesteckt hatte und mich auf allen vieren auf dem Boden vorfand, wo ich versuchte, meine Zähne wiederzufinden, während ihr Setter genüsslich meine Pfeife zermalmte.

In der Realität sind solche Aufträge natürlich Mangelware, leider, wer würde nicht gerne für 150 Euro die Stunde einem Koi-Karpfen die Geschichte von Moby Dick vorlesen oder auf einem Bauernhof Nils Holgerssons wunderbare Reise mit den Wildgänsen. Dafür hat die Realität einen anderen Vorteil, sie ist besser als jede Fiktion. Letzte Woche höre ich meinen Anrufbeantworter ab und denke: »Die Stimme kennst du doch?«

Tatsächlich war es Elke Heidenreich, die um ein Treffen bat. Wie sie mir unter dem Siegel der Verschwiegenheit mitteilte, wäre sie kurz vor dem Bücher-Burn-out, ich könne mir ja gar nicht vorstellen, wie öde das sei, immer diese Frauenliteratur, ewig die Betroffenheitsleier, ob ich ihr nicht den Spaß an Büchern zurückgeben könnte?

Unwillkürlich fiel mir meine Nachbarin ein, die sich bei mir nach ihrem Urlaub in der Wüste über den vielen Sand beklagt hatte. Bei Frau Heidenreich war das Problem wohl ähnlich gelagert. Ich bin erwiesenermaßen in der Lage, unter dem dürren Reisig meiner Zuhörerschaft literarische Flämmchen zu entfachen, hatte aber keinerlei Erfahrung mit ausgebrannten Fackeln. Ich brachte zu unserem verabredeten Treffen eine Idee und ein einziges Buch mit. Ein Schutzumschlag verhinderte, dass sie den Titel des erwählten Werkes lesen konnte, und mit meiner Stimme für schwere Fälle, einer Melange aus Cordsamt und Sandpapier, begann ich zu lesen: »Deine Backen stehen lieblich in den Kettchen und dein Hals in den Schnüren. Meine Narde gab ihren Geruch, ich möchte ihn tränken mit dem süßen Most meiner Granatäpfel. Er war wie ein junger Hirsch auf meinen Scheidebergen. Deine Haare sind wie eine Herde Ziegen und dein Schoß wie ein runder Becher, dem nie Getränk mangelt.«

»Wenn Sie das lesen, klingen die ›Feuchtgebiete‹ von Charlotte Roche richtig poetisch, ist mir beim Lesen gar nicht so vorgekommen«, murmelte die Päpstin und schloss verträumt lächelnd die Augen. Ich meinte sogar, sie schnurren zu hören, während ich ihr weiter aus dem Hohelied Salomons vorlas, bis sie zu schnarchen begann.

DER ZWEIKAMPF

Schon zwei Stunden wogte der ungleiche Zweikampf hin und her. Gehdochweg, der einarmige Ritter, gegen Dumichauch, den einbeinigen Wegelagerer. Gehdochweg kämpfte auf schnellen Beinen, dafür ohne Schild, Dumichauch konnte natürlich die Hiebe des Gegners gut parieren, teilte selbst auch wacker aus, merkte aber doch, wie die Oberschenkelmuskulatur langsam dichtmachte.

»Hör mal, Gehdochweg, meine Oberschenkelmuskulatur macht langsam dicht, wollen wir mal eine Pause machen?«

»Das bringt nix«, versetzte der Kontrahent, »wenn du dich jetzt hinsetzt, kommst du nachher gar nicht mehr hoch, gib doch einfach auf, ich hab auch keine Lust mehr, meine Sehnenscheidenentzündung macht sich wieder bemerkbar.«

»Wieso soll ich dann aufgeben, gib du doch auf!«

»Wir können ja beide gleichzeitig aufgeben, was hältst du davon?«

»Auf keinen Fall, Aufgeben ist nicht drin, aber ich bin ein Sportsmann, sagen wir unentschieden, remis, 1:1 ohne Verlängerung.«

»Gut«, willigte der einarmige Ritter ein, »damit kann ich leben.«

Sie warfen ihre Schwerter und Helme ins Gras und sich

daneben. Nach kurzer Verschnaufpause nahm der Ritter die Konversation wieder auf.

»Welch fairer Geist in dir steckt, was machst du beruflich?«

»Raubmörder, und du?«

»Bin momentan auf der Suche.«

»Ach was! Was hast du denn verloren?«, wollte Dumichauch wissen.

»So ziemlich alles«, gab Gehdochweg zerknirscht zu, »auf dem Kreuzzug meinen Arm, und als ich letzte Woche nach Hause kam, waren meine Burg, meine Frau und meine Ländereien auch noch weg. Hat sich zwischenzeitlich alles die bucklige Verwandtschaft unter den Nagel gerissen. Das Einzige, was mir noch gehört, ist der Schlüssel zum Keuschheitsgürtel meiner Frau, so kann – wenn ich schon nicht mehr rankann – auch kein anderer ran.«

»Wie heißt deine Exfrau eigentlich?«

»Gehdochwegda.«

»Dann hab ich jetzt eine schlechte Nachricht, der hab ich letzte Woche das Schloss ausgewechselt, weil ich doch früher Schlosser war. Aber ich kann dir den Schlüssel ihres neuen Schlosses geben, denn ich hab natürlich ein Duplikat angefertigt. Tut mir echt leid, aber ich kannte dich doch noch nicht.«

Gehdochweg starrte wie versteinert auf den ihm gereichten Schlüssel, wobei einige Tränen in seinem Kettenhemd versickerten. Das rührte die schöne Fee, in deren Hain sie sich befanden, und sie beschloss zu erscheinen.

»Habt ihr nichts Besseres zu tun, als meine Rabatten zu zertrampeln?«

»Doch doch«, stotterten beide und kamen flugs auf die drei Beine.

»Ich bin auf der Suche nach dem heiligen Stuhl«, antwortete der Ritter wahrheitsgemäß.

»Ich auch«, sagte Dumichauch, weil ihm nichts Besseres einfiel.

»Was kann ich für euch tun?«

»Oh, ein angemessenes Fortbewegungsmittel wäre schön«, antwortete Dumichauch, der sich kaum auf seinem Bein halten konnte, prompt.

»Okay«, lachte die Fee, und schon stand ein Esel vor ihnen.

»Der ist aber nicht mehr der Jüngste, oder?«, fragte Gehdochweg die Fee.

»Nein, aber alte Tiere sind gutmütiger«, versetzte die Fee.

»Aber der ist doch auch blind!«, rief Dumichauch.

»Wie kommst du denn darauf?«, fragte die Fee.

»Na was soll die gelbe Binde mit den drei schwarzen Punkten denn sonst bedeuten?«, fragte der Strauchdieb, schon leicht angefressen.

»Wenn man euch so sieht, sollte man eigentlich meinen, dass ihr Behinderungen toleranter gegenübersteht, aber bitte, wie ihr wollt, wenn es kein alter blinder Esel sein soll...«

Sie ließ den Zauberstab durch die Luft sausen, ein Ton wie von einer Windharfe erklang, und der Esel war verschwunden. Dafür stand ein junges Kamel da, mit zwei gesunden Augen sowie immerhin drei gesunden Beinen, und entleerte sich aus Herzensgrund.

»Was sollen wir denn mit einem dreibeinigen Kamel?«, fragten die beiden Recken wie aus einem Mund.

»Ihr seid so was von ekelhaft undankbar«, schrie die Fee mit sich überschlagender Stimme, »nicht nur, dass dieses Kamel hundert, beziehungsweise zweihundert Prozent mehr Beine hat als ihr Invaliden, es ist auch ein heiliges Kamel!«

»Ja und?«

»Habt ihr mir nicht gerade gesagt, ihr seid auf der Suche nach dem heiligen Stuhl?«

»Ja.«

»Na, da isser doch«, rief die Fee und deutete mit dem Zauberstab auf den dampfenden Dunghaufen, von dem plötzlich weißer Rauch aufstieg, während eine überirdisch klingende Stimme verkündete: »Wer sich als Erster setzet hinein, dem wachset wieder Arm und Bein.« Gehdochweg und Dumichauch starrten sich entgeistert an.

»Haut rein, Jungs!«, riet die Fee, schwang sich auf das Kamel und ritt durch die Lüfte davon. Mit einer Blitzreaktion gelang es dem Ritter Gehdochweg, Dumichauch, der sich gerade in den Kothaufen werfen wollte, das Bein wegzutreten.

»Nicht so voreilig«, sagte er, »überleg doch erst mal. Wenn wir beispielsweise den Haufen in zwei gleich große Teile teilen, dann haben wir vielleicht beide eine Chance.«

»Aber es hieß doch, wer als Erster …?«

»Ja, ja, aber wenn wir uns gleichzeitig, im selben Moment jeder in seinen eigenen Haufen setzten, dann könnte es funktionieren.«

Sie machten sich sorgfältigst an die Teilung und brachten sich danach in Positur.

»Also bei drei«, sagte Gehdochweg und begann zu zählen: »Eins … zwei … drei!«

Die gleichzeitige Landung gelang perfekt, es gab eine Art Explosion, und als der Rauch sich verzogen hatte, blickten sich die beiden an.

»Ich würde sagen, wir sitzen in der Scheiße«, fand Dumichauch als Erster Worte, »was sollen wir denn jetzt machen?«

»Jetzt stehen wir erst mal auf und machen uns ein bisschen sauber, und dann gehen wir los, Richtung Westen, in den Sonnenuntergang hinein«, erwiderte der Ritter.

Ein unbeteiligter Betrachter hätte sich nicht schlecht gewundert: Zwei dreibeinige sprechende Kamele hinkten gemeinsam ins Abendrot.

DIE HARTE TOUR

Sein Opa hatte immer gesagt: »Einen richtigen Mann er-
kennt man daran, dass er auf die harte Tour lebt, dass er
sich in dem Metier durchbeißt, für das er am wenigsten
geeignet ist, merk dir das, mein Junge!«

Olaf Pellworm liebte seinen Großvater abgöttisch und
vertraute ihm blind, und so hatte er beschlossen, Komiker
zu werden. Und deswegen stand er heute Abend auf der
Bühne des schäbigen kleinen Clubs und sollte einen Pro-
begig absolvieren. »Wenn du gut ankommst, kannst du
einmal die Woche auftreten, für 50 Dollar«, hatte der fette
Mexikaner mit dem unfassbaren Silberblick und dem er-
schütternden Aftershave gesagt, dem die Kaschemme gehörte. Der Zuschauerraum war zu einem Drittel gefüllt
mit Gestalten, denen man schon im Hellen nicht hätte
begegnen wollen, geschweige denn hier …

»Hey«, dachte Olaf Pellworm, dessen Großeltern vor
60 Jahren von der deutschen Nordseeinsel in den Süden
der USA geweht worden waren, »das ist doch gar kein
schlechtes Opening!«

Und so begann er mit den Worten: »Hey folks, wenn
ich euch so sehe, denke ich, da sitzen Leute, denen ich
normalerweise nicht mal im Hellen begegnen wollen
würde, geschweige denn im Arsch der Welt. Habt ihr alle
was zu trinken, oder soll ich jemandem was einschütten?«

Dabei machte Olaf die typische Handbewegung in

Lendenhöhe. Eisige Stille. »Hey, ich teste nicht meine Gags, ich teste euch«, schob er nach.

Weiterhin eisige Stille.

»O.k., probieren wir was anderes; jedem, der lacht, gebe ich einen aus!«

Tosendes Gelächter.

»Das war ein Scherz, Leute!« Olaf sah die zwei Wurfgeschosse und entschied sich dafür, dem Aschenbecher auszuweichen, sodass das Bierglas ihn mitten auf die Brust traf.

Triefend sagte er: »Ich sagte doch, ich gebe einen aus, aber die Kohle muss ich mir natürlich zuerst verdienen. Die Kunst bei der Comedy ist, zu erkennen, was das Publikum hören will. Ich bin mal aufgetreten und habe gesagt: Ihr kennt das alle, man bricht aus dem Knast aus, in ein Haus ein, stöbert so rum und findet im Schlafzimmer ein nacktes wunderschönes Girl schlafend. Gut, nach drei Jahren Knast hat sich ganz schön was angestaut ... in dem Moment fangen die alle an zu buhen, und da wurde mir erst klar: Hey, du trittst im Knast auf vor lauter Mördern und Vergewaltigern, das war also nicht so gut, aber bei euch habe ich ein gutes Gefühl, bei euch kann ich den großen Bildungshammer rausholen.«

Olaf hörte Frauengekicher und wähnte sich auf dem richtigen Weg.

»Wer mir sagen kann, wo Paris ist, bekommt noch einen doppelten Whisky obendrauf.«

»Jeden Abend bei nem anderen, du Flachwichser«, schnauzte ein Narbengesicht an der Theke, »aber bestimmt nicht bei dir!«

Das vereinzelt aufkeimende Gejohle machte Olaf Mut.

»Irrtum, Klugscheißer«, sagte er, öffnete seinen Hosenschlitz und holte ein mehrfach gefaltetes Farbposter von Paris Hilton hervor. Diesmal konnte er zwei Biergläsern ausweichen, dafür traf der Aschenbecher.

»Lieb gemeint, Leute«, rief er, »aber ich habe mir das Rauchen abgewöhnt. Probieren wir was anderes: Einer von euch fängt einen Witz an, und wenn ich ihn nicht weitererzählen kann, geht der Punkt an euch, o.k.?«

»Kommt ne Frau...«

»Zum Arzt«, schrie Olaf panisch.

»Falsch, Sackgesicht, sie kommt zum Apotheker, und wie geht's weiter? Wenn du's nicht weißt, komm ich rauf und tret dir in den Arsch!«

Olaf graste seine Festplatte hektisch nach Apothekerwitzen ab, aber ihm fiel absolut keiner ein.

»Wie's weitergeht, sag ich dir erst, wenn du mir die folgende Frage beantworten kannst, also, was ist grün und rennt durch den Wald?«

»Ein Rudel Gurken, du Schnarchhaken, und was kann ein Schwan, du kannst es nicht, solltest es aber können?«

»Weiß nicht«, musste Olaf zugeben.

»Sich die Gurken in den Arsch schieben! Was ist jetzt mit der Frau in der Apotheke?«

Olaf fühlte, wie der Schweiß ihm in die Kimme lief und sich dort staute.

»O.k., Leute, haltet euch fest, da kommt also diese Frau in die Apotheke, es ist ein heißer Tag, sie schwitzt, hat auch Übergewicht, wie viele amerikanische Hausfrauen...«

»Hey, Schatz, der redet von dir«, rief ein fetter Glatzkopf im Publikum und deutete auf seine Frau, die vor Scham fast in ihrem Sessel versank.

»Komm zu Potte, du Penner, ich werde Weihnachten unterm Bäumchen erwartet!«

Zum ersten Mal lachten alle.

»Das läuft richtig gut«, dachte Olaf, »jetzt habe ich sie da, wo ich sie haben will.« »Ihr Mann«, fuhr er mit neuem Schwung fort, »war früher Hippie und wisst ihr, wie man die Ehefrau eines Hippies nennt?«

»Mississippi«, brüllten gleich fünf Leute unisono, »Mann, den Gag haben sie letztens in Ägypten als Grabbeigabe in einer Pyramide gefunden, noch so ne alte Schote, und du bist reif, Amigo!«

Aber da geschah es: Olaf fiel tatsächlich ein Apothekerwitz ein. Leider der falsche, nämlich der, wo ein junger Mann in die Apotheke kommt und Kondome verlangt. Den kann ich jetzt unmöglich erzählen, dachte er, doch das Wörtchen »unmöglich« löste die rettende Assoziation aus.

»Kommt eine Frau in die Apotheke und fragt: ›Sagen Sie, stimmt es wirklich, dass eine Karotte gegen Impotenz hilft?‹ ›Nun ja‹, antwortet der Apotheker, ›alles eine Frage der Befestigung.‹«

»Buuuuh«, brüllten die Männer, »yeeeaahhhh«, gellte es aus genauso vielen Weiberkehlen.

Wow, dachte Olaf, ich stehe vor dem größten Erfolg meiner noch so jungen und hoffnungsvollen Karriere, jetzt nur nicht durchdrehen, flach atmen, Überblick behalten, die Ruderpinne nicht mehr aus der Hand geben!

»Na, Leute«, blaffte er, »schon müde? Wer lässt mich den nächsten Witz vervollständigen?«

»Kommt ne Frau in ne Apotheke …«

»Schön, dass du wieder wach bist, Freundchen, aber den Witz hatten wir gerade schon!«

»Nee, ist ne andere Frau und ne andere Apotheke.«

In diesem Moment sah Olaf seinen Opa so klar vor sich wie selbst zu dessen Lebzeiten nicht, und er hörte ihn sagen: »Olaf, mein Junge, willst du dich wirklich da durchbeißen, ist es das wert, nur um ein richtiger Mann zu sein?«

»Nein, Opa«, flüsterte Olaf und ging unter einem Hagel von Beschimpfungen und Wurfgeschossen von der Bühne. Er studierte Pharmazie und arbeitet heute in einer kleinen Apotheke im mittleren Westen.

DIE KREUZFAHRT

Seit drei Tagen verließ Ursula die Koje ihrer Standardkabine auf dem Zwischendeck nur zum Kotzen. Ein mittelprächtiger Sturm hielt das schon etwas ältere Kreuzfahrtschiff in Bewegung, und zwar dergestalt, dass der im Mittelohr beheimatete Gleichgewichtssinn sich auf dem kurzen Dienstweg mit den für die Antiperistaltik der Speiseröhre zuständigen Magennerven verständigte. Nicht bei allen Menschen, nur bei denen, die wirklich seekrank waren oder – so wie sie – keine Zwangsreaktion ausließen. Der Anankasmus, so hatte es ihr Therapeut erklärt, geht einher mit dem Zwang, sich einer Situation ausgeliefert zu fühlen.

Sie fand das Wort Anankasmus blöd, aber noch blöder fand sie auf einmal diesen Kasten von Kreuzfahrtschiff und dieses Kästchen von Kabine, in dem sie untergebracht war. Kein Wunder, dass mir die Nerven durchgehen auf so engem Raum, dachte sie, als ein mächtiges dumpfes Knarzen das Schiff erschütterte. Danach war völlige Stille – das Schiff hatte aufgehört zu schaukeln. Ursula sprang aus der Koje und hetzte an Deck.

»Keine Panik! Wir sind auf eine Sandbank gelaufen«, verkündete der Kapitän über Lautsprecher. »Bitte warten Sie dort, wo Sie sich gerade befinden, auf weitere Informationen. Danke.«

»Da ist doch was faul«, dachte Ursula erfreut, »die haben Navis, Satelliten und das ganze technische Gedöns und laufen auf eine Sandbank. Ja, wie blöd ist das denn?« Sie machte sich auf den Weg zur Kommandobrücke. Gerade rechtzeitig, um zu sehen, wie sich drei sehr flache Motorboote der MS Maria näherten. Blitzartig wurde ihr bewusst, wo sie sich befanden: vor der Küste Somalias, wo die Vollmilchausgaben von Störtebeker und Co. ihr Unwesen trieben.

»Vollmilch Nuss«, musste sie noch denken, als sie die sehnigen, muskulösen, halb nackten dunkelhäutigen Gestalten schärfer ins Auge fasste.

In diesem Moment schlug die erste Granate in der Bordwand ein, ohne sehr viel Schaden anzurichten, aber wenn die acht anderen Schnellboote, die sich dem verhältnismäßig kleinen Kreuzfahrtschiff näherten, auch Granatwerfer hatten, dann gute Nacht, Marie.

Sie eilte weiter die Treppen hoch zur Brücke, vorbei an blassgesichtigen Uniformträgern der 2. und 3. Liga, und betrat beschwingt das Steuerungshauptquartier, wo sich die Spitzenkräfte um den Kapitän scharten.

»Und jetzt müssen wir wohl den ADAC rufen«, rief sie zur Begrüßung in die Runde und musste selber grinsen.

»Wir haben keine Zeit für Späße«, antwortete der Kapitän sichtlich entnervt, »Piratenangriff, wir müssen das Schiff übergeben.«

»Übergeben kommt für mich nicht mehr infrage«, antwortete Ursula laut und bestimmt, »das habe ich sozusagen zum Hals raus. Wir werden die Brut verscheuchen«, rief sie kampfeslustig und holte ihren iPod aus der Jackentasche. Natürlich bemerkte sie, dass man sie für wahnsinnig hielt, und sie deutete auch das kaum wahrnehmbare

Kopfnicken des Kapitäns als Befehl, sie schnellstmöglich fortzuschaffen, richtig, aber sie hatte den berühmten winzig kleinen Überraschungsvorsprung und sagte: »Ist hier jemand in der Lage, das Ding mit der Lautsprecheranlage des Schiffes zu verbinden?«

Der Techniker vom Dienst streckte automatisch die Hand aus.

»Hier drin sind die fürchterlichsten Töne, die die Welt je gehört hat«, informierte sie knapp, als die nächste Granate einschlug.

»Los, anschließen!«, kommandierte sie, »und schieben Sie die Regler bis zum verdammten Anschlag, einen Versuch ist es wert!«

Blitzschnell hatte der Techniker reagiert und wartete nur auf ein Zeichen seines Kapitäns, während Ursula im iPod die Rubrik »Hölle« aufrief. Die Piraten fühlten sich offenbar etwas vernachlässigt und schossen eine dritte Granate in die Schiffshaut, was einen Ruck im Kapitänskörper erzeugte, den der Techniker als Zustimmung wertete, und augenblicklich wurde die Luft von einer ungeheuren Kakophonie erfüllt, einer derartigen Symphonie des Grauens, dass jedes Lebewesen, das a) Ohren und b) Hände hatte, sich auf der Stelle a mit b zuhielt. Ursula hatte sich schnell ihre Lärmstoppohrstöpsel eingeführt und ging hinaus auf die Brücke.

Die Schnellboote machten ihrem Namen alle Ehre, schienen auf dem Wasser davonzufliegen und hinterließen weiße Gischtmuster auf dem blauen Wasser, was sehr schön aussah.

»Manchmal ist es doch nicht verkehrt«, musste sie denken, »gegen Bezahlung mit Männern zu schlafen, wenn der Mann Toningenieur ist und die Bezahlung der Rough-Mix von Dieter Bohlens neuem Soloalbum ist, das erst in zwei Monaten auf den Markt kommt.«

DIE OHRFEIGE

»Gestatten Sie, dass ich Sie küsse?«

»Wohin?«

»Auf den Mund, dachte ich.«

»Ausgeschlossen.«

»Wie Sie wünschen, ich hätte nie zu hoffen gewagt, dass Sie den Mund gleich beim ersten Kuss öffnen werden.«

»Häh? Ich meine nicht geschlossen, sondern ausgeschlossen, nada, niente, es wird nicht geküsst!«

»Auch nicht auf den Hals?«

»Wagen Sie es, und ich knalle Ihnen eine.«

»Hoho, das ist starker Tobak, Gnädigste; die Ohrfeige, übrigens erstmals belegt gegen Ende des 15. Jahrhunderts, gilt im Regelkanon intersexueller Kommunikation als Ultima Ratio der Zurückweisung, täte es nicht auch etwas Deeskalierenderes, ein gehauchtes Nein etwa, vielleicht gestützt durch eine Hand, die Sie mir mit leichtem Gegendruck auf die Brust legen?«

»Ich könnte Ihnen auch das Knie an den Sack legen und kurz und heftig hochziehen, wie wäre das?«

Unvermittelt begann er zu weinen und senkte den Kopf. Seine breiten Schultern zuckten unter dem dunkelgrünen Trenchcoat, der im oberen Bereich vom morgendlichen Nieselregen durchnässt war. Deshalb hinterließen seine auf den Kragenaufschlag tropfenden Tränen auch keine sichtbaren Spuren. Seine freie Hand glitt in die Manteltasche, suchte vergeblich, übernahm dann den Haltegriff in der voll besetzten, ruckelnden Straßenbahn und überließ der anderen das Auffinden eines Taschentuchs. Jede einzelne seiner Tränen traf sie wie ein Dartpfeil. Plötzlich kam sie sich herzlos und armselig vor. Ihre schroffe Zurückweisung seines unverblümten, aber doch sehr höflich und irgendwie charmant vorgetragenen Wunsches tat ihr leid. Sie wandte sich ab und warf einen Blick in die stumm ins Leere starrenden Gesichter der morgendlichen Fahrgäste. Was spricht eigentlich dagegen, auch mal einen Fremden zu küssen, fragte sie sich, zumal einen, der offensichtlich Abwechslung in die sich täglich wiederholende Tristesse der Fahrt zur Arbeit bringen wollte.

»Hören Sie, ich hab's mir überlegt«, flüsterte sie mitten in die Haltestellenansage hinein. »Ich würde Sie eigentlich doch ganz gern küssen, muss Ihnen allerdings sagen, dass ich eine eitrige Angina habe und erst seit gestern Antibiotika nehme und von daher nicht weiß, ob es nicht doch noch ansteckend ist.«

»Oh, das macht mir gar nichts aus, ich werde mir ohnehin morgen das Leben nehmen, warum, tut jetzt nichts zur Sache, ich wollte nur einfach noch ein kleines Erfolgserlebnis in dieser Welt, bevor ich in eine andere wechsle, von der wir alle nicht wissen, wie sie aussieht.«

»Erfolgserlebnis?«, antwortete sie, als hätte sie sich verhört. »Ach so, dann gehören Sie also doch zu der Sorte Männer, die Frauen als Beute verbuchen. Den Kuss können Sie sich sofort wieder abschminken, und die Selbstmordgeschichte ist ja wohl der Gipfel der Geschmacklosigkeit. Und ich dachte, Sie wären anders.« Kopfschüttelnd wandte sie sich ab, um sich ihre Enttäuschung nicht ansehen zu lassen.

»Verzeihen Sie, ich wollte Sie nicht kränken, aber Sie sind die erste Frau, die ich angesprochen habe, in meinem ganzen Leben, und ich weiß offen gestanden nicht, wie man das richtig macht. Das meinte ich mit Erfolgserlebnis, nichts anderes, tut mir wirklich leid.«

Und wieder ließ er den Kopf sinken.

Sie beobachtete ihn aus den Augenwinkeln und kam aus dem Kopfschütteln gar nicht mehr raus. Mein Gott, ist der Typ kaputt, dachte sie mit links, und Mein Gott, wenn das alles stimmt, mit rechts, immer abwechselnd. Eine Station lang standen sie dicht beieinander und sagten kein Wort.

»Hören Sie«, nahm sie den Faden wieder auf, »verarschen kann ich mich alleine, aber wenn Sie mir glaubhaft erklären können, dass das stimmt und ich tatsächlich die erste Frau bin, die Sie je angesprochen haben, dann können wir über den Kuss neu verhandeln. Okay?«

»Jetzt will ich Ihnen mal was sagen«, explodierte er jählings in einer Lautstärke, dass es den anderen Fahrgästen die Köpfe herumriss, »es ist mir scheißegal, ob Sie mir glauben oder nicht, aber ich bin Ihnen trotzdem sehr dankbar. Denn wenn man schon solche Klimmzüge machen muss, um an einen armseligen Kuss zu kommen, möchte ich nicht wissen, was erforderlich ist, um einer Frau beiwohnen zu dürfen, wie die Bibel es nennt, und für mich steht fest, dass es diese Mühe nicht wert ist, und deswegen kann ich mich auch ganz beruhigt und ohne Selbstzweifel morgen zum Priester weihen lassen, denn das mit dem Lebennehmen war natürlich metaphorisch gemeint. Und jetzt muss ich aussteigen, danke nochmals, und vielleicht sieht man sich mal im Beichtstuhl!«

»Moment, Bürschchen, so geht das nicht, so einfach ziehen Sie sich nicht aus der Affäre«, sagte sie verärgert und hielt ihn am Gürtel seines Trenchcoats fest. »Dass Sie von Tuten und Blasen keine Ahnung haben, ist mir auch scheißegal, aber bevor Sie sich in den Beichtstuhl setzen und fromme Sprüche kloppen, sollten Sie zumindest wissen, dass ein Kuss niemals armselig ist.«

»Ja, genau, wo kommen wir denn da hin!«, pflichtete ihr eine ältere Dame bei, »Unverschämtheit!« und »Dummer Weihrauchschwengel!« andere.

»Armselig sind höchstens die, die das nicht wissen, so wie Sie«, sagte sie und fühlte Tränen in sich aufsteigen, die sie in ihrer Wut jetzt nicht gebrauchen konnte.

»Überzeugen Sie sich, küssen Sie mich«, forderte sie ihn trotzig heraus und hielt ihm ihr hübsches Gesicht entgegen.

»Oder mich», rief die ältere Dame. Er wollte fliehen, aber einige Fahrgäste rückten zusammen, um den Ausgang zu versperren. Hilflos sah er zu, wie sich die Tür an der Domplatz-Haltestelle öffnete und wieder schloss, er spürte ihre Hand im Nacken, mit der sie seinen Kopf zu sich zog, er sah, wie sie ihre Augen schloss und dabei leicht die Lippen öffnete, und verharrte in Schockstarre.

»Nun mach schon«, sagte die ältere Dame aufmunternd, während die Bahn wieder Fahrt aufnahm. »Los jetzt, küssen«, und »Mach hinne, Alter, ich muss gleich raus«, forderten andere ungeduldig. Er fasste sich ein Herz und küsste sie. Man glaubte förmlich, Musik zu hören, irgendwas mit Streichern. Alle Fahrgäste applaudierten.

DIE SAUNA

Die Tür der Dampfsauna öffnete sich.

»Tachchen, noch Platz für zwei Schweißer?«, fragte eine tiefe Stimme.

Ein dreifaches »Mhmm« kam zurück.

Zwei massige Gestalten ließen sich auf der nassen Plastikbank nieder. Ein strenger Geruch breitete sich in der dampferfüllten Kabine aus.

»Das riecht aber komisch«, beschwerte sich einer der Gäste, »irgendwie wie nasser Hund, oder so?«

»Das wird Clyde sein«, sagte einer der Neuankömmlinge, »er hat halt lange Haare.«

Das Dampfgebläse stellte turnusgemäß seine Tätigkeit ein, und der Nebel lichtete sich.

»Sagen Sie mal, ist das ein Orang-Utan?«

»Genau, das ist Clyde, ich habe ihn nach dem Orang-Utan aus dem Clint-Eastwood-Film von 78 benannt, Sie wissen schon, ›Der Mann aus San Fernando‹, den hatte er ja bei einer Wette gewonnen ...«

»Ja, ich erinnere mich, aber er hat ihn nie in eine Sauna mitgenommen!«

»Wie denn auch?«, meldete sich ein anderer Saunist zu Wort, »es gab doch damals im Wilden Westen noch keine Dampfsauna, wenn man mal von den Schwitzhütten der Indianer absieht.«

»Wohl wahr«, unterstützte der Nebenmann diesen

Einwand, »aber wenn Eastwood die Wette in Schweden gewonnen hätte, wäre er mit Clyde sicher auch in eine Sauna gegangen.«

»Da wäre ich mir nicht so sicher«, wandte der Vorredner ein, »denn in Schweden hätte er doch bestimmt keinen Orang-Utan, sondern einen Elch oder einen Bären gewonnen, und dann würde es hier noch ganz anders riechen.«

»Das ist doch unlogisch, was Sie da erzählen, der Orang-Utan ist im Wilden Westen ebenso wenig heimisch wie in Skandinavien, er bewohnt die tropischen Regenwälder Sumatras und Borneos, deswegen fühlt er sich in einer Dampfsauna auch heimisch.«

Clyde nickte begeistert.

»Na, Sie sind mir ja ein ganz Schlauer, dann wissen Sie sicher auch, dass Orang-Utans vorwiegend auf Bäumen leben, also Holz mögen, die Dampfsauna hier ist aber aus Plastik, also warum gehen Sie mit Ihrem Clyde nicht in die finnische Sauna?«

»Weil da heute Frauentag ist, Clyde ist aber ein Männchen!«

Als verstünde Clyde, dass es um ihn ging, quietschte er vergnügt auf, sprang dem Tierfreund auf den Schoß, schlang seine langen behaarten Arme um dessen Kopf und begann ihn zärtlich zu küssen.

»Sehen Sie, auch von seinem Verhalten her, mit dem Wunsch nach Schmusen und Körperkontakt, wäre er bei den Frauen viel besser aufgehoben«, untermauerte der Redner seine These und versuchte sich dabei vorsichtig aus der Umarmung zu lösen.

»Ich würde ihn ungern allein zu den Mädels in die Finn-Sauna schicken, am Verbalen hapert es doch noch sehr, wir zwei haben eine Zeichensprache, unterstützt durch Laute, entwickelt, das klappt ganz gut, sehen Sie, im Moment zeigt er mir, dass er Ihr Goldkettchen toll findet und es gerne abreißen möchte.«

»Da wäre ich Ihnen aber sehr verbunden, wenn Sie ihm sagen könnten, dass ich mein Goldkettchen auch toll finde, es ist nämlich ein Geburtstagsgeschenk meiner Frau, und deshalb würde ich es gerne behalten.«

»Sie tragen ein Kettchen, das Ihre Frau zum Geburtstag bekommen hat? Dann hat Ihre Frau aber einen ziemlich dicken Hals, oder? ... Ach sehen Sie mal, Clyde hat den Verschluss ganz alleine aufbekommen, also ich staune doch immer wieder, welch praktische Intelligenz diese Menschenaffen entwickeln, wenn auch nicht so viel wie die Schimpansen, die außerdem viel aggressiver sind, also ein Schimpanse hätte Sie schon übel zugerichtet, wenn Sie sich bei dem so angestellt hätten wegen Ihres Kettchens!«

»Sagen Sie mal, könnte es sein, dass Ihre Laut-Zeichen-Kombinationssprache in erster Linie den Zweck erfüllt, Clyde zum Einsammeln von Schmuck zu animieren? Mir scheint, er geht sehr systematisch zu Werke, und wenn er noch länger an meinem goldenen Ohrring zieht, übrigens auch ein Geschenk meiner Frau, besteht die Gefahr, dass mein Ohrläppchen einreißt.«

»Sie wollen mir doch wohl nicht unterstellen, meinen Freund zum Dieb abgerichtet zu haben, seien Sie lieber froh, dass er Ihren Intimschmuck noch nicht bemerkt hat, ups, zu früh gefreut.«

Ein gellender Schrei erfüllte den kleinen Raum.

»Komm, Clyde, wir gehen zu den Damen in die Finnsauna!«

DIE WELTHERRSCHAFT

Es war gegen 11.30 Uhr Ortszeit, als Ado beschloss, nach der Weltherrschaft zu greifen. Er hatte einen ziemlich beschissenen Tag hinter sich, war bei der Frau, die er schon lange im Visier hatte, kläglich abgeblitzt. Sie hatte lieber irgendeinem Idioten ihre Gunst geschenkt.

Heinrich Heine war ihm in den Sinn gekommen: »Ein Jüngling liebte ein Mädchen, das hat einen anderen erwählt ... es ist eine alte Geschichte, doch bleibt sie immer neu, und wem sie just passieret, dem bricht das Herz entzwei.« Doch er hatte diese trüben Gedanken abgeschüttelt und sich in eine »Jetzt erst recht«-Haltung hineinmeditiert. Wenn er erst die Weltherrschaft besitzen würde, käme sie angekrochen oder besser gesagt: gewatschelt, denn Ado und seine Angebetete, das sei noch erwähnt, waren Pinguine.

Sein Wunsch wurde im Freundeskreis sehr kontrovers diskutiert: »Ist ein Pinguin der Richtige für die Weltherrschaft, kann er das bei seinen bei Licht besehen eher bescheidenen Fähigkeiten stemmen? Er kann gut schwimmen, zugegeben, aber Gehen ist seine Stärke nicht, von Fliegen ganz zu schweigen.«

»Wie heißen wir?«, fragte Ado mit schneidender Stimme. »Kaiserpinguin, nicht Lehrerpinguin, Polizistenpinguin, Müllmannpinguin, Beamtenpinguin, Kanzlerpinguin, sondern Kaiserpinguin. Und was macht ein Kaiser? Er beherrscht mindestens ein Land, früher auch mal die ganze Welt. Also fast. Der römische Kaiser Augustus hat die gesamte zivilisierte Welt beherrscht. Konnte er fliegen? Nein. Er konnte vielleicht besser gehen als einer von uns, aber im Wasser hätte er echt alt ausgesehen.«

»Aber die Bezeichnung Kaiserpinguin tragen wir doch nur, weil wir mit durchschnittlich 1,30 Meter die Größten unserer Art sind, daraus kannst du doch nicht den Anspruch auf Weltherrschaft ableiten, Ado. Ein Brillenbär macht sich ja auch nicht als Optiker selbstständig.«

»Napoleon war auch nicht viel größer«, wischte Ado den Einwand vom Tisch, »und außerdem bedeckt Wasser 4/5 der Erdoberfläche, das heißt, es ist höchste Eisenbahn für einen Imperator, dessen Reich das Wasser ist.«

»Aber Ado, sag mal einem Orca oder Seeleoparden, das Wasser wäre dein Reich und er solle sich vom Acker machen, der lacht sich doch tot. Du bist doch bloß sauer, weil dich Iffi hat abblitzen lassen, und jetzt flüchtest du dich in irgendwelche Spinnereien; bei Nietzsche ist das ja ganz ähnlich gelaufen.«

»Nietzsche erwähnst du jetzt nur, weil der bei den Weibern auch kein Bein ins Nest bekam, das ist gemein. Aber Nietzsche hat auch gesagt: ›Keiner ist so verrückt, dass er nicht einen noch Verrückteren findet, der ihn versteht.‹«

»Ja sicher, Ado, und wir verstehen dich auch, aber mit Trotz kommst du hier nicht weiter. Fakt ist, wir haben hier totalen Frauenüberschuss, die buhlen um uns, Junge, und nicht umgekehrt. Die wollen coole, entspannte Partner und keine von Machtfantasien gequälte Hirnis, die einen Haufen Orcascheiße labern.«

»Vielleicht bin ich einfach überarbeitet, Burn-out, versteht ihr? Mein Hirn läuft ständig volle Pulle, ich kann ums Verrecken nicht abschalten.«

Die Freunde sahen sich wissend an. »Genau, Ado, spann mal richtig aus, geh ans Meer, bisschen fischen, das beruhigt total.«

»Fischen!« Ado schrie es fast. »Das machen doch alle. Das ist doch nichts Besonderes! Ich will auf einzigartige Weise entspannen, so lange, bis Iffi begreift, dass ich die coolste Socke im Packeis bin, the one and only Ado, und um mich buhlt. Ich hab's, ich werde ihr ein Iglu bauen, mit Kamin und Kühlschrank, wie die Eskimos!«

»Ado, jetzt mach dich mal geschmeidig, die Eskimos haben Kühlschränke?«

»Ja, und genau da liegt der Kern meines Problems: Ich habe hier keine kompetenten Gesprächspartner, deswegen verkümmere ich intellektuell! Ihr habt von nichts eine Ahnung! Ich würde bei Jauch jeden Abend die Million abräumen, und ihr? Rin ins Wasser, raus aus dem Wasser, mehr habt ihr nicht drauf. Natürlich haben Eskimos Kühlschränke, damit die Lebensmittel frisch und genussfertig bleiben, aber nicht einfrieren, so sieht's doch aus!«

»Ado-Baby, unsere Lebensmittel sind ständig frisch, fangfrisch sozusagen, frischer geht es nicht mehr, und die Frage, womit du hier Feuer in deinem Kamin machen willst, stellen wir erst gar nicht. Schau, wir haben hier alles, was wir zum Leben brauchen, dazu ne unverbaute Aussicht, keine Touristen und keine Gammelfleisch-Skandale. Das einzig Nervige sind die Eisstürme, aber die können nur wir Kaiserpinguine überleben, sonst niemand, auch kein Kühlschrank.«

»Ihr geht mir mit eurem krankhaften, bloß aus Ignoranz und Apathie gespeisten Optimismus so auf die Nüsse, das macht mich fertig! Ich werde einen Seeleoparden erlegen, ihm das Fell abziehen und für Iffi und mich je einen schönen Wintermantel nähen, den kann sie dann auch als Hochzeitskleid tragen.«

In diesem Moment rief Ados Mutter: »Ado, komm essen!«

»Ach du Scheiße, muss nach Hause, sonst macht die Alte Stress, und nicht vergessen: Morgen ist der Seeleopard dran, tschüs.«

»Hau rein, Ado«, murmelten die anderen Jungs kopfschüttelnd und trollten sich ebenfalls.

ENDLICH FREI

Von klein auf hatte es für Robert nichts Schlimmeres gegeben, als unangenehm aufzufallen. Er litt heftig unter
Erröten, man könnte auch sagen: Er litt unter heftigem
Erröten, es ist nicht ganz das Gleiche, aber auch nicht
entscheidend für die Geschichte. Jeden Sonntag ging
er in die Spätmesse; wir reden hier von einer Zeit, als
Kinder in öffentlichen Verkehrsmitteln oder eben auch
Gotteshäusern älteren Menschen ihren Platz anboten,
wenn sonst keiner mehr frei war, und das waren auch die
Zeiten, als die Kirchen sonntags noch voll waren, und
so stand Robert regelmäßig während des Gottesdiens-
tes. Es war nicht so, dass er seinen Platz gerne aufgab,
klar, wenn ein altes Mütterchen mit Stock seufzend vor-
beihumpelte, kein Thema, aber bei einer übergewichtigen Hausfrau in den Vierzigern, ansonsten bei bester
Gesundheit, die ihn so lange durchdringend ansah mit
einem »Wirst du wohl endlich Platz machen, du uner-
zogener Lauselümmel«-Blick, da kriegte er schon einen
Hals. Und dachte für den Rest der Messe oder auch des
ganzen Tages darüber nach, worin eigentlich die besondere Leistung beim Ältersein besteht. Man hat auf den
Zeitpunkt seiner Zeugung und Geburt herzlich wenig
Einfluss, also kann man daraus auch keine Rechte ableiten. Und ein Spruch wie »Ehre das Alter« schreit ja auch
nach Begründung, denn wer älter ist, kann ja auch die

ganze Zeit Scheiße gebaut haben, also warum soll man so jemand ehren.

Während dieser Gedanken stand Robert wie immer an einer Säule, der Pfarrer hatte zu predigen begonnen und sprach wie meistens über fleischliche Sünden. Von ihm ging das Gerücht, er werde häufiger mal in der Puffstraße der Kleinstadt gesehen, aber nicht er wurde rot, sondern Robert. Beim Wort »Sünde« fiel ihm ein, dass er gestern Abend erst an sich herumgespielt hatte, und ihm war, als würden alle, die hinter ihm saßen, ihm das ansehen. Seine Backen sprangen auf Rot, er kniff sich verzweifelt selbst in die Hand, ein Trick, der, wie er mal gelesen hatte, den Körper vom Grund des Errötens ablenken sollte, aber der scharfe Schmerz führte nur dazu, dass ihm – akustisch und olfaktorisch wahrnehmbar – ein Leibwind entwich. Das Mädchen am Rande der Bankreihe neben ihm schaute herüber, kräuselte seine Stupsnase und zog lächelnd die Augenbrauen hoch. Roberts ohnehin große und abstehende Ohren hatten nun Farbe und Temperatur des Erdkerns. Völlig entnervt verließ er die Kirche.

Die Erythrophobie ist die Befürchtung, in bestimmten Situationen oder bestimmten Menschen gegenüber zu erröten. Das Erröten ist dabei eine Abwehr verbotener libidinöser Wünsche. Andere definieren es als Ausdruck einer unbewussten Unterwerfungstendenz, eines Bedürfnisses, von anderen als Sexualobjekt gesehen oder gar benutzt zu werden. All das konnte Robert natürlich nicht wissen, auch nicht, dass er viele Jahre später, mittlerweile ein anerkannter Psychiater, einmal das Leiden seiner Kindheit beschreiben würde als »fortwährende Präokkupation mit der negativ akzentuierten Andersartigkeit des Ichs«. Er wusste nur, so ging das nicht weiter. Schüchternheit, Sprechangst, Erröten, auch Paruresis, die Angst, in Gegenwart anderer Wasser zu lassen, das musste man sich doch wegtrainieren können. Dass Leute wie Eysenck zeitgleich genau daran arbeiteten, denn die Verhaltenstherapie entstand in den fünfziger Jahren, würde Robert später in seinen Memoiren nicht ohne Stolz erwähnen.

Aber jetzt sagte ihm seine Intuition, dass er den Teufel mit Beelzebub austreiben musste. Also pinkelte er erst mal gegen eine Telefonzelle. Unter den Blicken der Passanten. Das heißt, er hatte es vor, aber als er gerade den Reißverschluss öffnete und seinen roten Bruder, wie er ihn als Karl-May-Fan, der er war, nannte, herausholte, betrat Frau Könnich, seine Musiklehrerin, die Telefonzelle. Sie bemerkte Robert und seinen An- bzw. Aushang und erstarrte. Robert erstarrte ebenfalls, partiell, also teilweise, Winnetou wuchs über sich hinaus. Unter den Blicken der Musikpädagogin mutierte der Paruretiker Robert binnen Sekunden zum Exhibitionisten Robert.

Die Lehrerin verließ die Telefonzelle und stellte sich schützend vor ihren Schüler. »Pack den Dödel weg und komm mit!«, zischte sie.

Robert tat, wie ihm geheißen. Zwei Stunden später war er nach allen Regeln der Kunst entjungfert, und Frau Könnichs Spruch »Auf alten Pferden lernt man gut reiten« würde ihn sein ganzes Leben lang immer mal wieder dankbar lächeln lassen.

ERINNERUNGSFOTO

Thorsten hatte gerade zwei Bussarde und einen Igel freigelassen, die er monatelang gepflegt hatte, bis sie von ihren
Verletzungen wie Flügel- und Beinbruch sowie Vergiftung
genesen waren. Seine Frau Anna und einige Freunde, die
zu Besuch waren, hatten von diesem erhebenden Moment
Fotos geschossen, und als man vom freien Feld zurück an
den Gartentisch gekehrt war, wurde die Fotoausbeute son-
diert. Thorsten starrte irritiert auf das Display der Kamera
seiner Frau: »Boh, Anna, das ist doch Scheiße!«, rief er be-
stürzt aus.

»Das sagt er immer«, erwiderte Anna, »er findet alle
meine Fotos scheiße.«

»Nee wirklich, Anna, das ist doch Scheiße hier, oder was?«
Er reichte ihr die Kamera.

»Ach ja«, kicherte sie, »den Haufen hab ich fotografiert,
der sah so schön aus.«

»Ich fass es nich«, raunzte Thorsten, »zeig noch mal.«

Er betrachtete das Foto intensiv, um dann festzustellen:
»Ja, da hast du recht. Irgendwie ästhetisch, so schön rund
und so frisch glänzend. Das ist wirklich ein toller Haufen
Scheiße.«

Die Kamera machte die Runde, damit sich alle überzeugen konnten, dann forschte Thorsten weiter nach Bus-
sardfotos, fand aber nur Aufnahmen von dem kleinen Igel.

»Guckt euch das an, Anna hat den Igel fotografiert,

aber man sieht nicht, wo vorne und hinten ist, kein Gesicht, nichts, nur Stacheln.«

»Ja aber sieh mal, wie schön das Sonnenlicht mit den Stacheln spielt«, sagte Anna verzückt. »Man kann deutlich erkennen, dass die Stacheln zartfarbige Kunstwerke sind und eine wunderschöne Blaumelierung haben. Von Weitem sieht er doch nur braun aus.«

»Stimmt«, sagte Thorsten, und in diesem Moment schrie der Bussard, und alle schauten wie auf Kommando hoch in den blauem Himmel, wo er eine letzte Runde über dem Ort seiner Heilung drehte.

»Schatz«, flüsterte Tom, »sei mir nicht böse, aber diese gequirlte Kacke ertrage ich nicht länger, ich gehe ins Foyer an die Bar und trinke ein Bier.« Isabell nickte nur und starrte weiter wie gebannt auf die Leinwand. Klar war der Film die letzte Grütze, aber Thorsten, oder besser Hajo Wertmann, war im Bett einsame Spitze, was sie von Tom nicht sagen konnte. Seit drei Monaten hatte sie nun ein Verhältnis mit Deutschlands größter Schauspielhoffnung im Fach »grenzdebiler Womanizer«.

An der Kino-Bar wollte Tom gerade ein Corona-Gold den Behälter wechseln lassen, als er hinterrücks angerempelt wurde. Jemand krallte sich an ihm fest und riss ihn mit zu Boden. Das Bier verschwand zunächst im tiefen Ausschnitt der attraktiven Umfallverursacherin, um dann dortselbst allerliebst aufzuschäumen. »Ich liege auf einer Frau mit Biertitten«, musste Tom denken. Noch nie hatte er Rudi Assauers Bierwerbung »Nur gucken, nicht anfassen« als so lebensnah empfunden.

»Ich fürchte, ich kann nicht aufstehen«, stöhnte er, so überzeugend er konnte, »Bandscheibenvorfall!«

Tom war kerngesund, aber fest entschlossen, diese bisher mit Abstand reizvollste Position des Tages noch nicht aufzugeben, und da konnten Schuldgefühle gute Dienste leisten.

»Och, das ist kein Problem«, rief die Bierkönigin und strahlte ihn an, »ich bin Chiropraktikerin, das haben wir gleich!«

Mit einer ungemein kraftvollen und doch anmutigen Drehung schleuderte sie Tom von sich herunter, Sekundenbruchteile später war sie über ihm und begann, ihr Repertoire abzuspulen. Männer weinen nicht, erinnerte sich Tom, aber von Schreien ist nichts erwähnt.

Einen gefühlten Horrorfilm später hörte er sie wie durch Watte hindurch sagen: »Die gute Nachricht zuerst: Sie hatten keinen Bandscheibenvorfall, und jetzt die schlechte: Sie werden gleich einen haben, weil Sie mich angelogen haben, Sie notgeiles Stück Scheiße!«

Mit einem Mal erwachte in Tom der erfolgreiche Staranwalt, der er war, Spitzname: der Totbeißer.

»Moment, Gnädigste«, schnappte er und klang wie Kinski auf Ecstasy, »wer hat mich denn hinterrücks zu Boden gerissen und anschließend misshandelt? Ich denke, die Überwachungskameras werden kaum einen Richter annehmen lassen, dass ich das selbst war!«

»Mir ist der Absatz abgebrochen, und ich habe das Gleichgewicht verloren und an Ihnen Halt gesucht. Vergeblich, wie sich dann herausstellte«, maulte sie, schon eine Spur versöhnlicher.

Tom und Irina sind mittlerweile glücklich verheiratet, was man von Isabell, Toms Ex, und Hajo Wertmann nicht sagen kann, aber sie machen sich's auch richtig nett.

ERLEBNISGASTRONOMIE

Es gibt Lokale, die mit ihrem Namen frohe Erwartungen wecken. Das »Eremitage« war so eines. Ein kleines Restaurant in ländlicher Abgeschiedenheit. Üppie, mein schwuler Herzensfreund, hatte es mir empfohlen. Üppige, liebevoll gepflegte Blumenarrangements in der Auffahrt, im Terrassenbereich und auch im Inneren des kleinen Hauses, während das Interieur eine schlichte Würde atmete. Der Chef selbst empfing mich, wies mir einen netten Platz am Fenster zu und legte Speise- und Getränkekarte auf den eingedeckten Tisch. Auf der mit »Recommandation du Chef« überschriebenen Tafel neben dem Eingang hatte ich zwei Menüs gelesen, Sauerbraten vom Pferd und Forelle Müllerin Art standen zur Wahl.

»Oh, ich weiß schon, was ich nehme, die Forelle bitte«, sagte ich ihm rasch, weil ich dadurch die Zeit zu verkürzen hoffte, die bekanntermaßen vergeht, bis ein frisch zubereitetes Chefmenü die brodelnden Magensäfte beruhigt. Er lächelte mich wissend an, als hätte ich die einzig richtige Wahl getroffen, brachte umgehend das Mineralwasser und verschwand in der Küche. Es herrschte absolute Ruhe, außer dem Vogelgezwitscher draußen war kein Laut zu hören, und ich war der einzige Gast. Wie es sich gehört für eine Eremitage, dachte ich vergnügt und überlegte, wie es wohl wäre, mal ein Jahr lang ganz allein zu leben, als ich ein Auto die Einfahrt lautlos hinabrollen sah. Darin der

Restaurant-Chef. Er hatte offensichtlich darauf verzichtet, den Motor anzustellen. Wie rücksichtsvoll von ihm. Kurz danach hörte ich ein Klappern aus Richtung Küche, und eine junge Kellnerin kam mit einem großen Tablett an meinen Tisch und stellte einen Teller mit einem gefalteten Blatt aus handgeschöpftem Büttenpapier vor mich.

»Was ist das?«, fragte ich verblüfft. Sie lächelte freundlich und zeigte mir eine Karte, auf der stand: »Ich bin stumm, und das ist ein kleiner Gruß aus der Küche.« Dann entschwand sie.

Ich entfaltete das Blatt und las: »Alles hat ein Ende, nur die Wurst hat zwei.«

Aha, dachte ich, hier sind nicht nur Schöngeister, sondern auch Witzbolde am Werk. Ein Glückskeks ohne Keks sozusagen, mal was anderes. Aber ein Brotkorb mit einem schönen Schnittlauchquark und einem Griebenschmalz als Aufstrich vorweg wäre auch eine feine Sache gewesen. Ich trank ein Glas Mineralwasser auf ex. Mittlerweile hatte sich eine dichte Wolkendecke vor die Sonne geschoben, das Lokal wirkte mit einem Mal auch kühler, ich musste unwillkürlich an eine Kapelle denken, so eine, in der man von einem geliebten Menschen Abschied nimmt. Und aus der Küche war absolut kein Geräusch zu hören.

Plötzlich stand ein Kellner neben mir. Ich erschrak fast zu Tode. »Sind Madame bereit für den ersten Gang?«, fragte er. Ich nickte verwirrt.

»Et voilà«, rief er, »erster Gang: verlorene Eier.«

Dann schritt er zu einem schönen alten Stutzflügel an der Wand, klappte den Deckel auf, nahm Platz, sang und spielte: »Ich wollt, ich wär ein Huhn, ich hätt nicht viel zu

tun. Ich legte vormittags ein Ei, und abends wär ich frei.«
Es folgten alle fünf Strophen. Währenddessen zogen sämtliche aus Eiern herstellbaren Gerichte vor meinem geistigen Auge vorbei.

Mein Applaus für ihn ging mir mit leerem Magen ein wenig schwer von der Hand und wurde zudem von dessen Knurren übertönt. Er schaute mich jedoch fröhlich an und sagte mit einer leichten Verbeugung und conferenciereresker Betonung: »Freuen Sie sich jetzt – auf das junge Gemüse!«

Aus der Küchen-Schwingtüre fielen zwei »Alaaf« brüllende Typen heraus, die sich als Gemüse kostümiert hatten, und stürmten an meinen Tisch.

»Darf ich vörstellen, dä Zwiebel«, sagte die Gurke, zog dabei ihr grünes Käppchen und zeigte damit auf das Knollengewächs neben sich. Das brüllte ebenfalls in lupenreinem Kölsch: »Stell dir ens vör: de Jurke!«, und zeigte mit seiner Ziehharmonika auf den Kumpanen. Dann schmetterten sie los:

»Erbsensuppe ist ein Essen,
das wohl jedem schmeckt.
Dreimal hoch noch heut dem Manne,
der sie hat entdeckt.
Einmal im Monat dann ladet der Verein
alle seine Freunde zur Erbsensuppe ein.
Wer hat noch nicht, wer will noch mal?
Es ist noch Suppe da, es ist noch Suppe da!
Es ist noch Suppe da, es ist noch Suppe da!«
Nach dem letzten Ton zogen beide ihre Mützen ab und hielten sie mir erwartungsvoll grinsend hin.

Ich stand auf und schmetterte: »Wer soll das bezahlen, wer hat das bestellt?« Sang's und verließ das gastliche Haus.

Das hinter mir hergebrüllte »Warten Sie, Herr Elstner wollte das Ganze doch noch auflösen!« ignorierte ich, fuhr auf dem Gaspedal stehenden Fußes zur Imbissbude meines Vertrauens, verdrückte mit nachgerade atavistischer Gier zwei extrascharfe Currywürste mit Pommes Schranke, flaschbiergestützt, versteht sich. Nach dem Verdauungsdoppelwacholder sang ich mit dem Wirt noch zweistimmig Grönemeyers »Currywurst«, und während ich in anmutigen Schlangenlinien heimwärts fuhr, flog mich folgender Vers an: Musik ist schön beim Essen, Walzer, Gospel, Marsch, doch Musik stattdessen, dat is total fürn Arsch. Das hab ich dann noch meinem Freund Üppie vorgesungen am Telefon, um 3 Uhr morgens.

DER BIBELCODE

Seitdem meine Frau einen Laptop zum Geburtstag geschenkt bekommen hat und fleißig Handbücher studiert, fließen ihr immer öfter die gängigen Anglizismen der IT-Branche über die Lippen. Neulich fragte sie mich beim Frühstück beiläufig: »Du, Ernst, sag mal, ist das Neue Testament eigentlich ein Upgrade vom Alten?«

»Schatz, das ist jetzt eine Katachrese, so nennen wir Germanisten ein schiefes Bild. Upgrade kann verschiedene Bedeutungen haben, es gibt Ticket-Upgrades, bei der Bahn oder im Flieger, wenn man von der zweiten in die erste Klasse wechselt, dann gibt's im Computerwesen Hardware-Upgrade und Software-Upgrade. Ich nehme mal an, das meintest du mit deinem Bibelvergleich, und der ist eben schief, weil die Bibel ja auch eine Art Geschichtsbuch ist, und so gesehen ist das Neue Testament die Fortsetzung des Alten, Part two, wenn du so willst, im Buchhandel würde man von einem follow-up sprechen.«

»Jetzt pass mal gut auf, du Germanisten-Arsch!«, rief meine kleine Frau, »wenn du weiterhin den Oberlehrer spielen willst, dann such dir gefälligst andere arme Idioten und verschone mich mit deinem Klugscheißer-Geschwätz. Wir haben keine Freunde mehr, niemand kommt uns mehr besuchen, nicht mal deine Mutter. Außerdem sitzen wir seit Tagen in der Scheiße, weil du die Handwerker, die das verstopfte Klo reparieren sollten, mit deiner Besserwisserei fast zu Tode genervt hast. Die kommen nicht mehr wieder, und von mir aus kannst du auch abhauen, am besten nach Katachesien!«

»Wenn schon, dann Katachresien, meine Liebe«, sagte ich beschwichtigend.

»Ach, leck mich doch! Ausgerechnet die Bibel ein Geschichtsbuch, Fakten, Fakten, Fakten, ja? Du musst es ja wissen, du warst ja vom ersten Tag an dabei, hast Gott auf die Finger geschaut beim Erdemachen. Hoffentlich hat er sich immer zu deiner Zufriedenheit korrekt ausgedrückt. Wahrscheinlich nicht, denn man hat lange nichts mehr von ihm gehört.«

Sprach's, sprang auf und sprintete hinaus. Ich liebe Alliterationen, also Stabreime. Es ist eine alte Angewohnheit von mir, Dinge, die mir passieren, quasi von außen zu beobachten und sozusagen gleich in die Schriftform zu bringen, und da hängt die Latte natürlich hoch. Auch das führt zu Reibereien mit meiner Frau, die sich sprachlich oft defizitär artikuliert, um nicht zu sagen insuffizient. Aber was soll's, sie kocht ganz annehmbar, und im Bett gibt's Schlimmeres. Und jetzt werde ich mich mal um das verstopfte Klo kümmern. Wir haben von Silvester noch ein paar Kanonenschläge übrig, da braucht man doch keinen Installateur.

FRIEDENSPFEIFE

Old Tremblehand hatte die Friedenspfeife des Apatschenhäuptlings mit den Worten »Danke, ich versuch's mir gerade abzugewöhnen« zurückgewiesen, und so stand er nun am Marterpfahl und döste seinem grässlichen Ende entgegen. Eigentlich hätte er schon vor zwei Tagen zu Tode gemartert werden sollen, aber Häuptling »Fließendes kaltes und warmes Wasser« war von einem tückischen Darmvirus aufs Lager gestreckt worden, und der neue Medizinmann bekam den Dünnpfiff nicht in den Griff.

»Was gäbe ich jetzt für einen dreistöckigen Bourbon«, dachte Old Tremblehand, der alte Westmann und Spiegeltrinker, »aber ein Kavallerieregiment wäre auch nicht schlecht, oder wenigstens ein Biber, der mir die Lederriemen durchnagt.« In diesem Moment spürte er eine Berührung an seinen Händen, just da, wo die Fesseln saßen. Jemand legte einen kleinen Kasten in seine Hände. Mit zittrigen Fingern ertastete Old Tremblehand eine Drehschraube. Oh, dachte er, vielleicht kann ich noch was drehen, und zog den Mechanismus bis zum Anschlag auf. Es erklang in leisem Klimpersound die Melodie »Spiel mir das Lied vom Tod«.

»Was ist das denn für ein Scheißlied?«, dachte der alte Westläufer, der auf seiner selbst gebauten Gitarre so manchen Country- und Westernsong komponiert und an Hunderten von Lagerfeuern zu Gehör gebracht hatte, Lieder wie »Vom Winde verweht«, »Die Blechtrommel« oder »Dieser Weg wird kein leichter sein«.

Rasch zerdrückte er die Spieluhr zwischen seinen dünnen Fingern, um sie zum Schweigen zu bringen, und spürte etwas, das der Indianer nicht kennt, der weiße Mann aber sehr wohl: Schmerz. Irgendetwas Scharfkantiges hatte ihn geritzt. Sofort begann die halbe Hundertschaft Gehirnzellen, die er sich noch nicht weggesoffen hatte, zu rattern.

»Etwas Scharfes, das Haut ritzt, schneidet womöglich auch Lederriemen«, dachte er. Gedacht, getan, Sekunden später massierte der alte Haudegen seine tauben Handgelenke, während seine Falkenaugen nach dem besten Fluchtweg suchten.

Plötzlich stand ein Indianerkind vor ihm und plärrte: »Du hast meine Spieluhr kaputt gemacht, du Eierloch!«

Old Tremblehand hob das Kind sacht an den Ohren hoch und sagte: »Immer schön Galama, du Furzknoten, ich bin Old Tremblehand, meine Freunde nennen mich Werner, und wer bist du?«

»Und ich bin eine Dame, du Arsch«, rief das Kind und trat ihm heftig gegen das Schienbein. »Ich heiße ›Schöne Aussicht mit Meerblick‹, und mein Papa ist der Häuptling hier, kapiert?«

»Ach so, entschuldige, aber vor lauter Kriegsbemalung hab ich gar nicht gesehen, dass du eine hübsche kleine Squaw bist. Als Häuptlingstochter kannst du mir doch sicher was zu trinken besorgen. Ich bin nämlich total dehydriert.« Der alte Fuchs hatte nichts verlernt: Einer Frau muss man erst mal schmeicheln, dann kann man an ihr weiches Herz appellieren, und wenn man dann noch durchblicken lässt, dass sie etwas Besonderes ist, hat man so gut wie gewonnen. Sie würde also verschwinden, um ihm ein Getränk zu besorgen, und er würde sich in die Büsche schlagen und wäre gerettet.

Doch plötzlich stand eine dicke alte Squaw vor ihm und keifte: »Was macht meine Tochter ›Schöne Aussicht mit Meerblick‹ hier mitten in der Nacht bei dem zum Tode am Marterpfahl verurteilten Bleichgesicht, und wieso bist du nicht gefesselt, Werner?«

Dem alten Trapper fiel es wie Schuppen von den Augen: Vor ihm stand seine tot geglaubte Frau, die vor vielen Jahren von den Sioux entführt worden, von denen an die Ogellallah verkauft, dann nach kurzen Zwischenstopps bei den Cheyenne und den Komantschen schließlich bei den Apatschen gelandet war.

»Gretchen«, stammelte er verwirrt, »du hier?«

»Nix Gretchen«, gab sie unfreundlich zurück, »ich heiße jetzt ›Die vom Dichterfürst über dem großen Teich in seinem Hauptwerk erwähnt wird‹ und bin die vierte Nebenfrau des Häuptlings, und wenn dessen Durchfall abgeklungen ist, werde ich mit Vergnügen zusehen, wie dir der Arsch aufgerissen wird, mein Lieber!«

»Wie alt ist ›Schöne Aussicht mit Meerblick‹ jetzt, Gretchen?«

»Sechseinhalb.«

»Tja, dann ist sie wohl meine Tochter, da du vor genau sechs Jahren entführt worden bist.«

»Ich weiß, und sie sollte Heidi heißen, aber du musstest ja das Saufen anfangen und hast hackedicht, wie du warst, überhaupt nicht gerafft, wie ich entführt wurde, statt mich bis zum letzten Blutstropfen zu verteidigen.«

»Wohl wahr«, versetzte der alte Westmann, und seine Augen wurden feucht. »Aber liebes Gretchen, es ist nie zu spät, wenn du mir verzeihst, werde ich ein anderer Mensch. Ich will verdammt sein, wenn ich nicht hier und heute dich und unsere Tochter von hier entführe und wir drei ein neues Leben beginnen, wie findest du das?«

So oder ähnlich würde der alte Lederstrumpf bei Karl May gesprochen haben, aber der ist lange tot, und das Leben ist kein Ponyhof.

Und so betrachtete der alte Säufer seine schwer aus dem Leim gegangene Frau und die bunt bemalte kleine Kackbratze und sagte: »Tja, Gretchen, man kann den Zahn der Zeit nicht überkronen, wie es so schön heißt, die Eieruhr des Schicksals kann man nicht umdrehen, das Fußballspiel des Lebens kennt keine Zeitlupenwiederholung, aber bevor wir uns hier verplaudern: war schön, euch getroffen zu haben, sag deinem Mann einen schönen Gruß, bei Durchfall sind Salzstangen mit Cola immer noch das Beste, und vielleicht sieht man sich ein andermal am Marterpfahl.«

Sprach's und verschwand im Unterholz.

GEISTERBAHN

»Papa, ich muss dir was sagen!«

»Was'n los, Emil?«

»Ich kann mich unsichtbar machen.«

»Häh?«

»Ja, ich kann mich unsichtbar machen, in echt jetzt.«

»Zeig mal!«

»Das ist ein bisschen schlecht jetzt...«

»Wie, schlecht, entweder du kannst, oder du kannst nicht!«

»Na ja, es geht nur, wenn ich an mir rumspiele.«

»Du willst mir erzählen, wenn du dir einen von der Palme wedelst, wirst du unsichtbar?«

»Sozusagen.«

»Los, mach, das will ich sehen!«

»Du musst dich aber umdrehen!«

»Bist du bescheuert? Dann sehe ich doch nicht, ob du unsichtbar wirst!«

»Doch, wenn ich unsichtbar bin, sage ich ›Jetzt‹, und du kannst dich umdrehen, und dann siehst du mich nicht mehr.«

»Und wo ist der Trick?«

»Kein Trick, es passiert einfach!«

Und es passierte. Zum ersten Mal seit langer Zeit war Erwin Vonderbank, Besitzer einer traditionsreichen Geisterbahn, wirklich baff.

»Und wie lange hält das vor?«

»So etwa 20 Minuten.«

»Mh, das macht bei Hochbetrieb 40 Wagen ...«

»Papa, du denkst immer nur ans Geschäft!«

»Ja, an was soll ich denn sonst denken, ich habe eine Geisterbahn, ein Erschreckungsunternehmen und einen Sohn, der beim Wichsen unsichtbar wird, an was würdest du denn da denken?«

»Ach Papa, versteh doch, mir ist das einfach unheimlich, ich weiß nicht, ob das ein Wunder oder ein Fluch ist, und richtig mulmig wird mir, wenn ich überlege, wie das weitergehen soll, ich meine, wenn ich mal nicht alleine bin und wir, na ja, du weißt schon, was passiert denn dann?«

»Hm, gute Frage, mein Sohn, du meinst, ob du beim Poppen auch verschwindest bzw. unsichtbar wirst, aber du bleibst fühlbar, oder wie oder was, also das solltest du unbedingt ausprobieren!«

»Wie denn, Papa, ich bin 13!«

»Und hast du keine Freundin? Als ich in deinem Alter ...«

»Was steht ihr hier so belämmert rum?«, fragte Emils Mutter, die in diesem Moment mit zwei Einkaufstüten den Wohnwagen betrat. »Es gibt noch jede Menge zu tun, an die Arbeit. Übrigens hab ich das reparierte Skelett im Kofferraum, das könnt ihr gleich mitnehmen.«

»Else, wir müssen mit dir reden, es gibt Neuigkeiten«, sagte Erwin.

Nachdem er sie über den Fall ins Bild gesetzt hatte, geriet Mutter Vonderbank aus dem Häuschen.

»Ich wusste immer schon, dass unser Emil was ganz Besonderes ist. Vielleicht sollten wir den Papst anrufen und fragen, ob denen so ein Fall bekannt ist, wenn mich nicht alles täuscht, hatten doch alle Heiligen besondere Fähigkeiten, oder?« »Was? Ich soll den Papst anrufen und fragen, ob es schon mal einen heiligen Wichser gegeben hat? Else, du hast doch nicht alle Murmeln im Sack. Ich fahre jetzt mit Emil mal schnell ins Eroscenter und gucke mir an, ob das auch in Gesellschaft funktioniert, und dann können wir immer noch den Papst anrufen.« Und so geschah es.

Erwin wohnte unter den kritischen Augen des Vaters einer sehr adretten, erfahrenen Mitarbeiterin aus Sachsen bei, die den Vorgang wie folgt kommentierte: »Ei verbibbscht, des gibt's ja gorni!«

Emil war verschwunden.

Und blieb es auch. Das Geschäft mit der Geisterbahn ist rückläufig, aber seitdem spukt's im Puff.

GOTT LIEBT DICH

Heute Morgen gegen 11 Uhr, ich wollte gerade meinen Frühsport beginnen, klingelte es. Ich drückte auf den Knopf der kombinierten Gegensprech-Türöffnungs-Anlage und sagte: »Ja bitte?«

»Guten Morgen«, flötete eine nicht unangenehme Frauenstimme, »ich bin Frau Waldheim und würde gerne mit Ihnen über die Bibel reden.«

In solchen Momenten sagen die meisten Menschen meines Alters vermutlich: »Ach wissen Sie, mit der Firma bin ich seit vielen Jahren durch, das wäre vergebliche Liebesmühe, trotzdem einen schönen Tag für Sie.«

Das ist die höfliche Variante. Ich kann mir aber auch durchaus ein »Verpiss dich, Muttchen, du nervst!« vorstellen. Vielleicht ist es einfach eine Frage der Laune. Ich war in guter Stimmung, liebte die Menschheit und mich und dachte: »Respekt, da nimmt es eine Frau auf sich, wieder und wieder abgewiesen, belächelt, vielleicht auch beschimpft zu werden, weil sie an etwas glaubt.«

Es ist zwar nicht mein Glaube, aber es war mal meiner, und ich habe mir früher hitzige verbale Glaubensgefechte geliefert, erst pro, später contra, außerdem war der Kaffee gerade durchgelaufen, der Schlaf war schon aus den Augen gewaschen, die Zähne waren geputzt, der Sport konnte auch warten, und ich mache in meinem Seidenkimono durchaus etwas her, also sagte ich: »Na gut, kommen Sie rauf.«

Zwei Minuten später stand sie vor mir. Man verbindet mit Mormonen, Zeugen Jehovas oder anderen Sonderlingen, die im Namen des Herrn unterwegs sind, meist ein bestimmtes Erscheinungsbild. Rein äußerlich traf das in diesem Fall nur auf die Kleidung zu. Sie war verpackt in ein wischlappengraues Ensemble, sah aber aus wie Scarlett Johansson.

Am liebsten hätte ich auf der Stelle meinen Seidenkimono ausgezogen, um die Göttin damit einzuhüllen. Stattdessen sagte ich beschwingt: »Hallo, Frau Waldheim«, und begrüßte sie mit Handkuss. »Treten Sie ein. Ihr Vorname ist nicht zufällig Scarlett?«

Sie folgte mir leicht irritiert ins sonnendurchflutete Wohnzimmer, und während sie Platz nahm, wich ihr kinnlanges Haar für Sekunden zurück, gab die ganze sinnliche Schönheit ihres Gesichts preis, und mit Erschrecken sah ich darin die Spuren von Blessuren, die Andeutung eines Veilchens und eine leichte bläulichrote Verfärbung des Jochbeins. Als Richter hatte ich genug Fotos von Opfern häuslicher Gewalt gesehen, und sie machten mich immer wieder traurig und wütend. Sie registrierte meinen prüfenden Blick, zog eine Ray-Ban aus der Handtasche und setzte sie auf.

»Die Sonne blendet«, sagte sie.

»Lassen Sie uns offen sprechen«, begann ich, »Gott möchte nicht, dass seine Kinder prügeln, und erst recht nicht, dass seine Kinder verprügelt werden. Wie sehen Sie das?«

»Ganz genauso«, entgegnete sie, und mir war, als lege sich ein Schatten auf ihre jungfräulichen und doch so reifen Züge, »aber wie kommen Sie darauf?«

»Nun, ich denke, Ihr Mann schlägt Sie.«

Ihr Blick begann zu flackern. Sie schlug die Augen nieder und brachte mühsam ein kaum hörbares »Ja« über die vollen, kirschroten Lippen.

»Wissen Sie«, sagte ich, »ich bin Richter und habe oft mit diesen Dingen zu tun und weiß, dass viele Frauen die Polizei nicht einschalten aus Angst, dass sie es damit noch schlimmer machen, oder weil sie die Hoffnung nicht aufgeben wollen, dass er sich ändert, aber das tun die Männer so gut wie nie. Möchten Sie vielleicht einen Latte macchiato? Ich habe eine tolle neue Kaffeemaschine!«

Es ist eine bewährte Methode, einer Frau die Angst zu nehmen, indem man das Gespräch auf eine ganz normale hausfrauliche Tätigkeit lenkt, die in 90% der Fälle ihr – ich weiß, das wird heute nicht gern gehört, aber ich sage es trotzdem mal – naturgegebenes Interesse erregt, und die durch die Kaffeezubereitung und den gemeinsamen Genuss entstandene Vertrautheit macht es viel leichter, sich dann den heiklen Dingen zuzuwenden. Nicht umsonst geht man genauso vor, wenn man sexuelle Absichten hat, wovon ich mich in diesem Fall, ich gebe es offen zu, nicht ganz freisprechen konnte.

»Das ist wirklich eine tolle Maschine«, staunte sie wenig später, »Sie haben überhaupt tolle Geräte, Ihre Musikanlage ist auch so toll und dann der Fernseher mit den ganzen Zusatzgeräten!«

»Na ja, man gönnt sich ja sonst nichts«, sagte ich stolz, »107 cm Bildschirmdiagonale müssen schon sein, 30 Watt Stereo-Musikleistung, ab da macht doch Fernsehen erst Spaß. Und im Schlafzimmer habe ich das gleiche Modell noch einmal, im Arbeitszimmer komme ich auch mit 99 cm Bildschirmdiagonale aus. Wollen Sie sich das Teil im Schlafzimmer mal anschauen?«

Ich wusste selbst nicht, welcher Teufel mich da ritt, ich fühlte mich einfach irgendwie gut, so gut wie unwiderstehlich.

Trotzdem haute es mich fast um, als sie sagte: »Das stelle ich mir sehr nett vor, ich würde mich nur gern ein wenig frisch machen.«

Ich zeigte ihr das Badezimmer und bemerkte, wie meine Achselhöhlen und Handflächen feucht wurden. Zum Glück steht im Regal neben der Eingangstür im Flur für Notfälle immer ein Eau de Toilette. Als sie aus dem Bad zurückkam, wirkte sie verändert, ich war aber zu verwirrt, um genau sagen zu können, was anders war.

»Na, dann schauen wir uns doch mal das Schlafzimmer an...«

Und Sekunden später: »Toll, einfach toll, das hätte ich auch gerne, aber so was kann sich eine kleine Angestellte bei der GEZ natürlich nicht leisten. Die Geräte sind übrigens nach unseren Informationen noch nicht angemeldet, sicher ein Versehen, oder?«

HOMERS FRAU

Als Homer den letzten Vers der Odyssee beendet hatte, lehnte er sich zurück, nahm einen Schluck Retsina, rülpste aus Herzensgrund und rief: »Weib, jetzt kannst du mir das Bifteki machen, bin gerade fertig geworden.«

Wenig später aß er mit großem Appetit, sagte dann: »Komisch, nach Bifteki kriege ich immer Sodbrennen, bring mir doch noch einen Ouzo, und dann lege ich mich ein bisschen hin, so ein Jahrtausendepos macht doch müde. Du kannst in der Zeit Korrektur lesen.«

Abends in der Taverna fragte er seine Frau: »Nun, Weib, wie findest du es?«

»Wer ist eigentlich die Muse?«

»Wie jetzt, Muse?«

»Na die Schwarte fängt doch an: ›Erzähle mir, Muse, von den Taten des vielgewanderten Mannes.‹«

»Na, das ist doch nur ein Kunstgriff!«

»Es ist also nicht eins von deinen Groupies, der du versprochen hast, sie zu erwähnen, wenn sie dich ranlässt?«

»Liebe Frau, ich bin 50 Jahre alt, was denkst du von mir, nein, jetzt im Ernst, meinst du, das Buch wird ein Erfolg?«

»Ich sag mal so: Es ist nicht gerade ein Frauenbuch. Dieser ganze Segelkram, das ist doch wohl mehr was für Männer.«

»Wie jetzt, da ist doch auch jede Menge Liebe drin, hier

die ganze Geschichte mit Circe, die seine Gefährten mithilfe von Drogen in Schweine verwandelt und die sich ihn dann krallen will, und am Ende will er gar nicht mehr weg von ihr…« »Das findest du gut, du Machoarsch? Welche Ehefrau will denn so was lesen? Überhaupt mit den Drogen hast du's ja: Die drei Seeleute bei den Lotusessern fressen auch von diesen komischen Kirschen, vergessen alles und wollen nicht mehr nach Hause!«

»Ja gut, aber diese tollen Actionszenen mit dem Zyklopen!«

»Das ist ja wohl das Blödeste überhaupt: Sie blenden ihn mit einem angespitzten Baum, er brüllt, die Nachbarn kommen, um zu helfen, und weil Odysseus sich als ›Niemand‹ vorgestellt hat, ruft der Zyklop: ›Niemand will mich umbringen‹, und die Nachbarn gehen wieder; sind wir hier bei den Ostfriesen, oder was?«

»Nein, Schatz, das Wasser hier vor der Tür heißt immer noch Mittelmeer. Jetzt sei nicht so grundlos eifersüchtig und lass deine beiden IQs mal zusammenarbeiten. Dir scheint ja die großartige Liebesgeschichte zwischen Odysseus und seiner Angetrauten völlig entgangen zu sein. Er verlässt doch sogar die Nymphe Kalypso, um zu seiner Penelope zurückzukehren.«

»Aber erst, nachdem er sich sieben Jahre lang ausgetobt hat! Genug Zeit also, um vom Schiffchenfahren…«

»Schiffchen? Liebe Frau, wir reden hier von pfeilschnellen offenen Kriegsschiffen mit umklappbarem Mast, einem Rahsegel aus Leinen oder auch Papyros und jeweils zehn Rudern oder Riemen, wie wir Seefahrer sagen, auf jeder Seite!«

»Schiffchen, sag ich ja, um vom Schiffchenfahren mit

Männerbesatzung und Nymphomanie an fremden Stränden die Schnauze restlos voll zu haben. So, du spitzeste Feder des Peloponnes, jetzt lass uns nach Hause gehen. Unsere Therme ist kaputt, das Wasser versickert. Ich brauche dringend deinen Dichtungs-Rat, oder soll ich etwa den Klempner rufen?«

»Das ist ja wohl das Letzte: Ich haue hier nach der Ilias schon das zweite Epos von Weltgeltung raus, gegen das Goethe, Schiller und Shakespeare sich wie Dichter von Wirtinnenversen ausnehmen werden, und du ...«

»Wer sind denn die drei? Nie gehört.«

»Die gibt es ja auch nicht, diese Namen habe ich mir gerade ausgedacht, bin schließlich Dichter, und jetzt noch mal zu mir: Mein Held Odysseus denkt bei allem immer nur an seine Frau, die sich mittlerweile die Bude voll Freier geholt hat!«

»Sie hat sich aber keinem hingegeben!«

»So ein Quatsch, du dumme Nuss! Bin ich Dichter, oder was? Das habe ich doch nur geschrieben, damit die Frauen was zum Bewundern haben, in Wirklichkeit hat die gute Penelope jede Nacht einen anderen ausprobiert, bis Odysseus dem Spiel ein Ende machte.«

»Oh ja, und so fair und sportlich, hat mit seinem Sohn die Waffen der ahnungslosen Deppen beiseitegeschafft und, nachdem er diesen albernen Schießwettbewerb gewonnen hat, die wehrlosen Leute erschossen, dein Held!«

»Was heißt hier ›mein Held‹? Ich habe nur zusammengefasst, was die Rhapsoden seit Jahrhunderten mündlich überliefert haben.«

Homer biss sich wütend auf die Lippen.

»Wie war das gerade«, rief seine Frau, »der ganze Mist

ist gar nicht auf deinem gewachsen, du hast das nur nacherzählt?«

»Nein, nur einen kleinen Teil; der ganze wunderbare Handlungsstrang, wie Telemach seinen Vater sucht, ist von mir.«

»Ja, der ist toll, vor allem, dass er ihn nicht findet, ist ein Rieseneinfall!« »Herrgott, das ist doch für die Spannung wichtig, dass das am Ende alles kulminiert…«

»Red nicht immer Latein mit mir, wir sind hier immer noch in Griechenland, jedenfalls bist du ein Plagiator, der sich mit den Federn fahrender Sänger schmückt; du schläfst heute im Gästezimmer, oder du kannst dir ja auch ein Bett aus einem Ölbaum schnitzen, wie dein Heimwerkerheld Odysseus, und das Schlafzimmer drumrumbauen, so was Blödes hat die Welt ja noch nicht gehört, ich glaube, das ist das Einzige, was du dir wirklich selber ausgedacht hast.«

Die beiden sprachen lange kein Wort mehr miteinander, auch nach der Scheidung nicht. Es gab eine Zeitungsmeldung: Der bekannte Dichter Homer soll einen Klempner mit Pfeil und Bogen erschossen haben, aber die Anklage wurde fallen gelassen. Jagdunfall, hieß es. Homer begann zu trinken und hielt sich mit Laubsägearbeiten über Wasser, seine Frau heiratete einen schwerreichen Reeder und verbrachte den Rest ihres Lebens mit Schiffchenfahren.

HUNGER

»Schatz, was gibt's zu essen?«, fragte Robbi erwartungsvoll, als er vom Joggen nach Hause kam.

»Nichts«, sagte Ela, die am Küchentisch saß und Kreuzworträtsel löste.

»Mach keine Witze, ich hab einen Mordshunger«, sagte Robbi, zog sein verschwitztes Shirt und die Schuhe aus und ging ins Bad. Auf dem Weg dorthin warf er einen kurzen Blick in die Küche, konnte aber keinerlei Anzeichen von kulinarischen Aktivitäten entdecken.

»Wahrscheinlich hat sie was im Ofen und will mich überraschen«, dachte Robbi und ging erst mal duschen. Doch auch zehn Minuten später, als er frisch und wohlriechend wieder auftauchte, hatte sich an der Küchenszenerie nichts verändert.

»Gibt es wirklich nichts?«, fragte er ungläubig.

»Ach, immer diese Völlerei, ich hab da keinen Bock mehr drauf«, antwortete Ela, »ich glaube, die tägliche Nahrungsaufnahme wird bei Weitem überschätzt.«

»Das gilt dann aber auch für die Zugriffsmöglichkeit der Frau auf ein gemeinsames Konto, auf das nur der Mann einzahlt, für Geschenke zu allen möglichen Gelegenheiten, für den eigenen Wagen, für eheliche Treue … wo hab ich denn mein Adressbuch mit der Nummer dieser rothaarigen Furie, die schon lange scharf auf mich ist, die werd ich doch gleich mal zum Essen einladen, ah, da haben wir sie ja!«

Schon im Gehen wählte Robbi die Nummer, und als eine überaus erotische Stimme sagte: »Ja, hallo?«, war er schon aus der Tür.

»Das klappt ja wie am Schnürchen«, dachte Ela, »da sag noch einer, diese Ratgeber sind allesamt ihr Geld nicht wert.«

Dann strich sie noch einmal zärtlich über das Taschenbuch »Trennung ohne Stress«, legte es weg und griff zu einem anderen mit dem Titel »Wie finde ich in einer Woche meinen Traummann?«.

INTERVIEW MIT TOPMODEL

I.)
Hallo, Miss K., vielen Dank, dass Sie für uns Zeit haben, unsere Leserinnen kennen Sie sehr genau, davon können wir ausgehen, ich würde daher gerne ein paar Dinge besprechen, die man noch nicht überall gelesen hat.

K.)
Warum nicht?

I.)
Weil die Fragen noch nicht gestellt worden sind. Zum Beispiel die: Wenn Sie sich etwas aussuchen müssten, wären Sie dann lieber fett oder hässlich?

K.)
Die Frage stellt sich auch jetzt nicht, denn, wie Sie sicher sehen, bin ich ja schlank und schön, also müssten Sie schon fragen: Wären Sie lieber schlank und schön oder fett und hässlich, und dann würde ich sagen: Lieber schlank und schön, denn das kenne ich, und das gefällt mir, fett und hässlich kenne ich nicht aus eigener Erfahrung, das können Sie sicher viel besser beurteilen.

I.)
Wie meinen Sie das?

K.)

Na ja, wenn Sie schlank und schön wären, bräuchten Sie sich nicht so abstruse Fragen auszudenken, die keinen Menschen mehr interessieren. Wofür gibt es denn bitte schön Schönheitskliniken? Die Zeiten, wo nur abstehende Ohren oder krumme Nasen korrigiert wurden, sind doch längst vorbei.

I.)

Sie sind also der Überzeugung, heutzutage ist jeder für seine Schönheit selbst verantwortlich. Dann würden Sie sicher auch an sich Korrekturen vornehmen lassen, oder haben Sie es bereits gemacht?

K.)

Es kommt doch auf den Beruf an, in dem man arbeitet. Ich bin in einer Branche tätig, in der es darum geht, gut auszusehen, also schöpfe ich die vorhandenen Möglichkeiten aus, so wie ein Radrennfahrer auch, der möglichst schnell Rad fahren muss, er trainiert, er ernährt sich bewusst, nimmt die neuesten und besten Dopingmittel …

I.)

Was war das gerade, Sie finden Doping gut?

K.)

Nein, Sie Dummchen, das sollte ein Scherz sein, wer von uns beiden ist hier eigentlich blond? Für mich als gläubige Christin ist das Herumpfuschenlassen am eigenen Körper so, als würde man privat versuchen, ein Elektrogerät zu reparieren, dann erlischt ja auch die Garantie des Herstellers, verstehen Sie?

I.)
Nein, offen gestanden nicht. Sie vergleichen ja Schönheit mit technischer Perfektion, aber da gibt es doch einen großen Unterschied, so wie z. B. zwischen einer künstlichen und einer echten Rose.

K.)
Aber doch nicht aus zwei Metern Entfernung, Sie Schlaumeierin. Einer Fahrradleuchte sieht man von Weitem auch nicht an, ob sie dynamo- oder batteriebetrieben ist. Alles eine Frage des Standpunktes, und den kann man wechseln wie eine Hüfte, ein Herz, eine Niere, eine Leber oder was auch sonst immer seinem Besitzer den Dienst verweigert.

I.)
Jetzt schlägt's aber dreizehn! Für Sie ist es also dasselbe, ob einem Menschen ein neues Herz eingesetzt wird, weil er sonst sterben muss, oder ob sich eine fehlgeleitete Neureiche die Lippen aufspritzen lässt?

K.)
Vor unserem Gespräch hätte ich gesagt: Nein, aber gerade ist mir klar geworden, dass es absolut dasselbe ist. Der Grund des Eingriffs ist ein anderer, im einen Falle, dem des Herzens, geht es um Leben oder Tod, im anderen Falle geht es um gut leben oder schlechter leben, von daher rücke ich von meinem Argument mit dem Garantieverfall wieder ab.

I.)

Aha, ich halte fest: Die Rettung eines Menschenlebens ist für Sie kein höher zu bewertender Grund für einen medizinischen Eingriff als der Wunsch, einem zufälligen Schönheitsideal zu entsprechen?

K.)

Ich möchte mal eines klarstellen: Wenn Sie hier weiter so rumbrüllen und mich mit Ihrer feuchten Aussprache einnässen, ist das Gespräch beendet. Wir sind hier nicht vor Gericht und auch nicht in Guantanamo beim Waterboarding!

I.)

Stimmt, wir sind bei Ihrem Friseur, und was uns hier einnässt, ist der Spraynebel, mit dem Ihr Stylist gerade das Ozonloch vergrößert. Entschuldigen Sie, wenn ich gebrüllt habe, aber ich höre fast nichts unter der Haube. Und dass ich hier druntersitze, habe ich Ihnen zu verdanken, Sie haben mich schließlich dazu überredet, mir die Haare machen zu lassen. Wie viel Zeit verbringen Sie eigentlich beim Friseur?

K.)

Nicht so viel, wie Sie offensichtlich für die Nahrungsaufnahme brauchen, und erheblich weniger als beim Sport, bei der Hausarbeit und mit meinen Kindern, meinen Mann nicht zu vergessen, der im Übrigen alle Vorurteile, die es in Bezug auf stärker pigmentierte Mitbürger gibt, sogar noch übererfüllt, wenn Sie verstehen, was ich meine. Stimmt es eigentlich, dass die meisten Journalisten nicht mit zehn Fingern schreiben können?

I.)

Ja, denn andernfalls würden sie ja schneller schreiben als denken, und das finde ich nicht so gut.

K.)

Auch wieder ein Punkt, in dem wir uns unterscheiden; ich habe nichts gegen schnelles Denken.

I.)

Ich auch nicht, wenn etwas Sinnvolles dabei herauskommt. Angenommen, Sie könnten aufgrund der Fortschritte in der Gen-Technik aussuchen, ob Ihr Kind eine Schönheit oder eine Intelligenzbestie wird, wie würden Sie sich entscheiden?

K.)

Herrje, schon wieder so eine dumme Frage! Wenn die Gentechnik beides einzeln garantieren kann, ist ja wohl auch beides zusammen möglich, und da Geld keine Rolle spielt, nehme ich beides, obwohl – wenn, wie in meinem Falle geschehen, die Kinder nach der Mama schlagen, ist die ganze Gentechnik überflüssig, kann sich also ganz Leuten wie Ihnen widmen. So, jetzt muss ich auch bald los, meine Kinder von der Schule abholen. Ja, es ist das Elitegymnasium, um Ihre Frage vorwegzunehmen.

I.)

(bricht in Tränen aus) Heidi, jedes Mal machst du das mit mir. Du brauchst überhaupt keinen Interviewcoach, du willst nur jemanden zum Fertigmachen, so wie deine bulimischen Teenies in deiner beschissenen Fernsehsendung!

K.)

(bricht ebenfalls in Tränen aus) Ja, Irene, du hast ja recht, aber ich habe so eine beschissene Woche hinter mir, Aufnahme in den Mensa-Club knapp versiebt, mein Prof hat mir für meine Philosophie-Zwischenprüfungsarbeit über Kants Metaphysik der Sitten nur eine 2 gegeben, und beim Simultanschach habe ich von 30 Partien nur 25 gewonnen, glaub mir, ich bin fix und fertig!

Beide weinen nun sehr heftig.

LA MER

Letzten Urlaub saß ich auf einer Steintreppe am Meer, die Wellen schwappten an den Stein, Möwen zirpten, und ich dachte: Möwen zirpen doch nicht, das tun Grillen. Und in der Tat waren es Grillen. Und ich dachte, was wäre, wenn nun doch die Möwen gezirpt und die Grillen geschrien hätten? Nun, da hätte einer ganz schöne Umbauarbeiten an den jeweiligen Stimmapparaten vornehmen müssen, ob sich das gerechnet hätte, nur um einen älteren Herrn ein bisschen durcheinanderzubringen?

Also fangen wir noch mal an.

Letzten Urlaub saß ich am Meer, auf einer Steintreppe, die Sonne lachte, ein kühler Wind wehte, und nicht umgekehrt, das Wasser klatschte an die Steine, Möwen, Grillen, pipapo, kennen wir schon, ich saß da, ganz bei mir, ganz im Einklang mit der Schöpfung, und war glücklich. Nein, das kann man eigentlich so nicht sagen, ich dachte, was für ein Scheißklischee, das ist ja so was von öde ist das, da kann man ja gar nicht so schnell gähnen, wie das langweilig wird, diese Szene, da muss doch wenigstens einer ertrinken vor meinen Augen, und zack, passierte es auch schon, ich denke, den kenn ich doch, der hat mir doch vorgestern im Supermarkt den Einkaufswagen in die Hacken gefahren, dass es nur so schepperte, da habe ich jetzt aber so gar keine Lust, behilflich zu sein ...

Der Wind wurde windiger, die Wellen welliger. Die

weiße Gischt spritzte nun den Steinen nur so um die Oh-ren, und ich bekam die ersten Tropfen ab. Zeit, sich lang-sam in Sicherheit zu bringen, dachte ich noch, als das schäumende Meer mir eine satte Dusche verpasste. Ich wollte ein paar Stufen höher rutschen, kam schlecht hoch, weil mir beide Beine eingeschlafen waren. Ich rutschte erst in den nassen Sandalen aus und von da ins Wasser, und schon zog mich ein kräftiger Sog hinaus aufs Meer. Schöner Anblick, wenn das Wasser so gegen die Steine schwappt, dachte ich, und jetzt schwappe ich sogar mit. Wann geht das eigentlich genau los mit diesem Lebens-film, der mit vielfacher Geschwindigkeit vor dem inne-ren Auge vorbeiläuft, und selbst wenn er mit 60-facher Geschwindigkeit läuft, braucht er in meinem Fall immer noch ein Jahr, bei 120-facher ein halbes Jahr, aber dann kriegt man doch gar nichts mehr mit von dem Film, und wer will schon ein halbes Jahr lang ersaufen? Während dieser eher düsteren Reflexionen sehe ich auf der Treppe, auf der ich vor Kurzem noch saß, einen Mann stehen und winken. Er ruft: Hallo, tut mir leid, die Sache mit dem Einkaufswagen, war keine Absicht, seit dem Schlaganfall kann ich mit links nicht mehr richtig zupacken, aber so hat jeder sein Päckchen zu tragen, schönen Urlaub noch. Schrie's und wandte sich zum Gehen. Ich dachte, wie kommst du aus der Geschichte wieder raus? Aufwachen ist öde, das war schon zu oft. Aber einschlafen ist gut, das hab ich noch nie gelesen. Also schlief ich ein.

LACH-MAHAL

Die Hütte war wieder restlos voll, registrierte Manni zufrieden. Seine Idee, aus der früheren Musikkneipe »Ohrwurm« den Comedy-Laden »Lach-Mahal« zu machen, war eingeschlagen wie eine Bombe. Montags war Witze-Abend, jeder konnte sich auf die Bühne stellen und so lange kalauern, bis man ihn runterbuhte. Dienstags gab's alte Stummfilme vom Super-Acht-Projektor mit Live-Piano-Untermalung, Mittwoch war Karaoke angesagt, und zwar internationale Hits mit japanischen Texten, in Lautschrift natürlich. Donnerstags Amateurtravestie, freitags gab es nur geschlossene Veranstaltungen, Firmenjubiläen oder runde Geburtstage betuchter Jubilare, und jeden Samstag war Lach-K.O., Mannis ganzer Stolz. Es gab immer einen Herausforderer und einen Verweigerer aus dem Publikum. Der Herausforderer versuchte, den Verweigerer innerhalb von zwei Minuten zum Lachen zu bringen, alles war erlaubt außer körperlicher Gewalt, schaffte er es, war er eine Runde weiter, wenn nicht, war der Herausforderer für diesen Abend draußen, und der Nächste versuchte sein Glück. Wer acht Runden siegreich beendet hatte, durfte anschließend mit dem Hut rumgehen und endete nicht selten bei 150 Euro.

Kalli hatte schon siebenmal gewonnen und fixierte seinen Verweigerer-Gegner, einen pickligen Unsympathen mit fettigem Haar und Zahnlücke namens Tom.

»Ein Franzose und ein Deutscher überleben einen Flugzeugabsturz im Dschungel«, startete er seinen ersten Angriff, »werden aber von Kannibalen gefangen genommen. Sie betteln um ihr Leben, na gut, sagt der Häuptling, ich stelle euch eine Aufgabe, wenn ihr die löst, seid ihr frei. Hier sind zwei Säcke, für jeden einer, und damit geht ihr in den Dschungel und sammelt 100 Früchte, genau 100 Früchte von derselben Sorte. Dafür habt ihr eine Stunde Zeit. Die beiden verschwinden wie der Blitz im Wald, nach einer halben Stunde kommt der Deutsche zurück und hat 100 Walnüsse im Sack. Gut, sagt der Häuptling, nun zum zweiten Teil der Aufgabe, die Nüsse musst du dir alle in der Arsch schieben, dann bist du frei. Die Prozedur beginnt, alle zählen mit. Als der Deutsche bei der letzten Nuss angekommen ist, muss er plötzlich lachen und kriegt sich nicht mehr ein. Was ist los, fragt der Häuptling, nur noch eine Nuss, dann bist du frei. Ja, aber guck doch mal, sagt der Deutsche, da kommt der Franzose, der hat Kokosnüsse gesammelt.«

Im Gegensatz zum Publikum blieb Tom ungerührt und kaute gelangweilt sein Kaugummi weiter, auch als Kalli nachlegte.

»Was ist grün und trägt ein Kopftuch? Na? Ich sag's dir. Eine Gürkin.«

Allgemeines Gelächter, einige Frauen kreischten sogar auf, aber Tom hob den Arm und rief: »Stopp, Einspruch. Das mach ich nicht mit, Leute. Der Witz war rassistisch und frauenfeindlich und gehört nicht hier auf die Bühne.«

Die ersten Buh-Rufe ertönten, und einer rief: »Scheiße Mann, der Witz war klasse. Weiter so.«

»Recht hat er«, schallte es nun durch den Raum, eine

junge Türkin mit grünem Kopftuch erhob sich, schaute in die Runde und sagte beleidigt:

»Ich bin doch keine Gurke.«

»Bist du dir da ganz sicher?«, rief jemand an der Theke und kippte vor Lachen fast vom Hocker.

Die Situation könnte unangenehm werden, dachte Manni und schritt ein.

»Aus, die zwei Minuten sind rum«, rief er und schwenkte seine Stoppuhr, »Kalli ist raus, und Tom ist für den nächsten Herausforderer bereit, wenn Tom heute acht Runden übersteht, wäre er der erste Verweigerer, der Abendsieger wird, also los, Leute, wer fordert ihn?«

Eine pummelige Blondine meldete sich und nahm ihm gegenüber auf der Bühne Platz. Das Publikum johlte schon mal quasi vorschussmäßig.

»Ruhe, Leute!« Manni musste fast brüllen.

»Ruhe bitte, wie heißt du?«, fragte er die Herausfordererin.

»Susi«, lispelte sie, wobei unklar blieb, ob absichtlich oder gottgewollt. Das Publikum war jetzt mächtig aufgeheizt, irgendwie lag etwas in der Luft, wenn nicht eine Sensation, so doch wenigstens eine Mordsgaudi.

»Also Susi, zwei Minuten Zeit, Tom zum Lachen zu bringen, du kennst die Regeln, anfassen verboten, sonst alles erlaubt, auf die Plätze, fertig los!«

Susi setzte sich blitzschnell eine Scherzbrille auf mit Gläsern wie Colaflaschenböden und lächelte Tom an. Dann steckte sie sich eine Luftschlange in den Mund und blies sie ihm ins Gesicht. Er schien einen Moment irritiert, blickte Susi aber weiterhin ernst an. Blitzschnell zog diese sich das T-Shirt bis zum Hals hoch, was Folgendes sichtbar werden ließ: Auf den gesamten Oberkörper war das Gesicht einer Kuh gemalt, die Brüste waren die Augen, die Brustwarzen die Pupillen, der Bauchnabel war die Mitte des Mundes, aus ihm kam ein einzelner Glücksklee. Die Bude stand Kopf, der Lärmpegel lag schätzungsweise bei 130 db, nur Tom blieb ungerührt, auch als Susi einige Male schnell die Bauchmuskeln zusammenzog, was den Anschein erweckte, die Kuh versuche erfolglos, den Klee auszuspucken, wobei sie die Augen verdrehte.

Die ersten Zugabe- und Muh-Rufe erschallten, doch Susi brachte die Kuh zurück in den Stall und setzte lispelnd neu an: »Nach einer Kneipentour beschließen zwei Freundinnen, noch ein Bier in der Wohnung der einen zu trinken. Vor der Wohnungstür sagt die eine: Psssst! Mein Mann schläft sicher schon. Leise betreten sie die Wohnung, die eine geht in die Küche, und die andere – neugierig, wie Frauen sind – wirft einen Blick ins Schlafzimmer. Entsetzt kommt sie zurück und sagt: Du, bei deinem Mann liegt eine Frau im Bett! Sagt die: Ja, dann sei leise. Wir haben nur zwei Bier!«

Die Meute grölte wohlwollend, aber Tom zischte nur: »Wie krank ist das denn, der Witz geht nur mit zwei Männern, mit zwei Frauen ist der doch für'n Arsch!«

»Aha, für'n Arsch«, lispelte Susi, kippte aus einer Tüte ein Häufchen Mehl auf den Tisch und sagte: »Kinn auf die Tischkante bitte!«

Tom tat es brav. Dann drehte Susi sich um, ließ blitzschnell Hose und Schlüpfer fallen und rief: »Entweder du lachst jetzt, oder ich furze dir das Mehl ins Gesicht!«

Im Publikum wurde es mucksmäuschenstill. Tom holte tief Luft und blies aus Leibeskräften. Das Volk tobte, Gläser fielen um, die Sitzenden sprangen auf und zückten ihre Handys. Susi reckte sich und schaute mit der größtmöglichen Drehung ihres Kopfes ihren mit weißem Feinstaub verlängerten Rücken an und schrie: »Ihhh, Mehl! Er hat mir eine E-Mail geschickt!«

Das Publikum stöhnte gequält auf, war aber plötzlich hellwach, denn in Toms Gesicht warfen große Ereignisse ihre Schatten voraus. Er presste die Lippen zu einer schmalen Linie zusammen, seine Augen füllten sich mit Tränen, traten aber gleichzeitig weit hervor. Es konnte sich nur noch um Sekunden handeln, bis der Lachreiz unerträglich wurde. Und dann war es so weit, Tom explodierte nachgerade in einem Schreikrampf, der gar nicht mehr abklingen wollte. Susi ließ sich gebührend feiern und beschäftigte sich mit ihrer nächsten Aufgabe. Es war eine Frau, das würde schwer werden.

Später, im kleinen Kreis, fragte Manni, wie es zu Toms Niederlage hatte kommen können, so doll sei der Joke schließlich nicht gewesen. »Natürlich nicht, der war unsäglich, aber als ich Susi sah, mit dem ganzen Mehl untenrum, musste ich plötzlich ›Gletscherspalte‹ denken, und das hat mich gekillt.«

MARIA BEIM FRISEUR

F) »Was machen wir denn heute, nur die Spitzen schneiden, sonst die Länge lassen, das finde ich eigentlich schön so, zu deinem schmalen Gesicht, obwohl ich meine, das wär in letzter Zeit ein bisschen runder geworden, kann das sein?«

M)
»Udo, kannst du schweigen?«

F)
»Wie ein Grab, was sag ich, wie ein Mausoleum!«

M)
»Ich bin schwanger.«

F)
»Neieieiein! Na da gratulier ich doch aber, was sagt denn Josef?«

M)
»Der weiß es noch nicht.«

F)
»Ach, soll wohl ne Überraschung werden?«

M)
»Und was für eine, er ist nämlich nicht der Vater.«

F)
»Mach Sachen, bist du sicher?«

M)
»So sicher wie das Amen in der Kirche.«

F)
»Weia! Und nu? Wirst du es ihm sagen?«

M)
»Um Gottes willen! Unmöglich, der würde sicher durchdrehen und mich zur Hölle schicken. Das möchte ich auf keinen Fall, denn im Grunde genommen ist unsere Beziehung ganz okay.«

F)
»Und der richtige Vater?«

M)
»Den hab ich nur einmal getroffen und seitdem nicht mehr wiedergesehen.«

F)
»Herrje, Kindchen, warum hast du nicht verhütet?«

M)
»Wie denn, wenn er nicht rechtzeitig… du weißt schon.«

F)
»Du armes Dingelchen, Gott sei Dank hat unsereins diese Probleme nicht. Wie soll er denn heißen?«

M)
»Wieso er? Ich wünsch mir doch ein Mädchen!«

F)
»Ach du lieber Gott, damit die später auch mal von irgendeinem Hallodri einen Braten in die Röhre geschoben kriegt?«

M)
»Udo, sei doch nicht so vulgär! Nein, ich wünsche mir ein Mädchen, und dann werde ich dafür sorgen, dass es all das kriegt, was ich nie hatte. Erst mal soll sie ganz toll aussehen.«

F)
»Aber Mariechen, du siehst doch auch ganz toll aus!«

M)
»Ich finde mich zu dick, und ich gucke immer so ... so ...«

F)
»... bedeutungsvoll!«

M)
»Nee, eher so trantütig, so ... kuhartig, irgendwie unsexy, und außerdem hab ich splissige Haare!«

F)

»Die haben wir gleich abgeschnippelt, keine Sorge, und außerdem fühle ich beim Durchwuscheln viele kurze Haare, das sind die Hormone, Liebchen, du bekommst eine prächtige wundervolle Mähne, da wett ich meinen rosa Föhn drauf. Und nun stell dir vor, der Heilige Geist hätte dich … begeistert.«

M)

»Begeistert? Der wird doch immer als Taube dargestellt, also doch wohl eher betäubt!«

F)

»Na, dann sag doch gleich gevögelt, aber egal, wer es war, er hat dir gutgetan! Schau in den Spiegel, Darling, dein Blick ist jetzt umwerfend aufregend, keine Spur von Trantüte, absolut sexy!«

M)

»Findest du wirklich? Könntest du dich in mich verlieben?«

F)

»Die Frage kommt 40 Jahre zu spät, Liebes, ich hatte mein Coming-out mit 15. So, das föhnen wir heute nicht, ich hab ein neues Gel, das wird dich umhauen, das gibt ein Shining, wenn das trocken ist, du wirst dein Haar nicht wiedererkennen, das geht dann auch aufs Haus, wegen der gesegneten Umstände.«

M)

»Ach Udo, du bist so ein Schatz, dank dir und bis in 14 Tagen, dann bin ich schon im dritten Monat, Bussi, Bussi!«

F)

»Bussi, meine Liebe, bis dahann!

Hallo Elisabeth, wie geht's, alles frisch, meine Liebe? Du strahlst so von innen raus, nein, ich werd nicht mehr, lass mich raten, du bist schwanger?«

E)

»Ja, wie findest du das? Nachdem wir schon alle Hoffnung aufgegeben hatten, hat Jakob doch noch mal ins Schwarze getroffen, und weil es bei Vollmond war, bin ich ganz sicher, dass es ein Mädchen wird!«

F)

»Toll, toll, toll, da bist du schon mein zweiter Doppelpack heute, das geht ja Schlag auf Schlag; Da kann man neidisch werden, wie soll die Kleine denn heißen?«

E)

»Also Jakob möchte Doreen, aber ich finde Maria Magdalena besser.«

F)

»Setz dich durch, Schatz, bei dem Namen hab ich ein ganz gutes Gefühl!«

MEDITATION

»Wenn du nicht bald mit Meditation anfängst, kippst du mit einem Infarkt oder Schlaganfall aus den Latschen. Und dann lass ich mich scheiden, ich schwör's, denn ich hab keine Lust, die schönsten Jahre meines Lebens mit Rollstuhlschieben und Schnabeltassenanreichen zu verbringen«, sagte meine Frau und steckte mir ein Büchlein in die Reisetasche.

»Wie geht denn Meditation?«, fragte ich, froh darüber, dass das Taxi gerade vorfuhr.

»Du musst deinen Geist beruhigen, alles nicht so wichtig nehmen und zuallererst lernen, dich zu entspannen. In dem Buch ist eine geführte Entspannungsreise, lies das und probier es aus.«

»Versprochen, Schatz. Ich ruf dich an, wenn ich in München gelandet bin. Tschühüss.«

Ich widerstand der Versuchung, die Esoschwarte in die erstbeste Tonne zu kloppen; es hätte nur wieder Streit gegeben.

Aber nur, damit Sie sich ein Bild machen können: Meine Frau raucht Kette, hat einen ganz ordentlichen Weißweintremor und ist überhaupt das, was der Volksmund als Nervenbündel bezeichnet.

Ich hingegen sehe nicht nur aus wie Buddha mit vollem Haar, ich bin es auch. Egal, im Hotel angekommen, stelle ich fest, dass das Meeting zwei Stunden später stattfinden soll, also werfe ich einen Blick in den Geistreise-führer.

»Legen Sie sich ganz entspannt hin, die Arme liegen links und rechts locker neben dem Körper.« Sehr witzig! Wie soll ich da weiterlesen?

»Vertrauen Sie sich der Unterlage an, die Sie trägt, und atmen Sie tief ein.«

Dieser Aushilfsguru hält wohl den Unterschied zwischen Theorie und Praxis für eine zu vernachlässigende Größe.

Also lege ich das Buch beiseite, greife zum Telefonhörer und bestelle beim Roomservice ein Putensandwich.

Es dauert eine Weile, bis ich die junge Frau bewegen kann, das Putensandwich auf den Tisch zu legen und mir einen Moment das Buch zu halten, damit ich die Meditationsanweisungen nicht nur lesen, sondern auch befolgen kann.

»Gut, ich mach das aber nur, wenn noch eine Kollegin dabei ist«, meint sie.

Halb entsetzt, weil sie mir Schlimmes zutraut, und aus demselben Grund halb geschmeichelt, stimme ich zu. Die Kollegin kommt. Die eine hält nun das Buch. Die andere steht hinter ihr. Warum tragen die Mädels nur so kurze Röcke? Wie soll man denn da meditieren? Ich konzentriere mich wieder auf den Text.

»Stellen Sie sich eine Situation vor, in der es Ihnen einmal sehr, sehr gut ging.«

Die Kollegin der Buchhalterin hat deutlich hübschere Beine.

»Merken Sie nun, wie sich ein Lächeln auf Ihrem Gesicht ausbreitet?«

»Schöner Text«, denke ich und lächle. Die Kollegin lächelt zurück.

»Gehen Sie nun mit Ihrem Lächeln in die Region Ihres Körpers, die für Ihr Lächeln besonders empfänglich ist.«

Meine Lendenregion beginnt zu vibrieren, es ist das Handy. Meine Frau.

»Was machst du gerade?«

»Du wirst es nicht glauben, ich habe gerade angefangen zu meditieren!«

»Können wir dann jetzt gehen?«, fragt die eine der beiden Damen.

Ich nicke stumm.

»Wer war das?«, fragt meine Frau, und die Stimmfärbung spielt schon ins Hysterische.

»Zahlen Sie bar, oder geht's aufs Zimmer?«

»Sag mal, du hast dir ein paar Nutten aufs Zimmer bestellt und wagst es auch noch, mir vorzulügen, du meditierst?«

»Ja, hätte ich denn die Wahrheit sagen sollen, dass ich hier mit zwei brasilianischen Mörderbräuten die beiden 500er durchbringe, die ich in deiner Laptoptasche gefunden habe, weil bei dir sowieso tote Hose und Migräne dein zweiter Vorname ist?«

Indessen haben die beiden Zimmerkellnerinnen den Raum lautstark verlassen. »Da hörst du, was du angerichtet hast, jetzt sind die Weiber abgehauen, die Kohle hatte ich schon abgedrückt, das war aber auch alles, was ich abgedrückt habe, jetzt stehe ich hier mit einem Mords…«

Sie hat aufgelegt. Ich gehe erst mal duschen. Als ich wieder ins Zimmer komme, nur das Handtuch um die Hüften, steht dort der Hotelmanager, eingerahmt von zwei stämmigen Burschen, bei denen der Gesichtsausdruck reicht, um die eigenen Arme kunstvoll verdreht auf dem Rücken zu spüren.

»Überraschung«, flötet er, »Ihre Frau hat gerade angerufen, erst mal herzlichen Glückwunsch zum Geburtstag, Sie hat mir von Ihren ... nun ja ... Vorlieben erzählt, und wir sind gemeinsam zu dem Schluss gekommen, dass Sie sich über die Spezialmassage meiner beiden Mitarbeiter sehr freuen würden, ich lasse Sie drei dann mal allein, viel Freude!«

MEIN LETZTER WILLE

Es war einmal ein Komiker. Als er zu sterben kam, rief er sein Weib zu sich und sprach: »Weib, höre meinen letzten Willen: Ich war ein lustiger junger Mann, ich war ein lustiger alter Mann, bald werde ich ein lustiger toter Mann sein.

Ich habe testamentarisch verfügt, dass ich mit einer roten Schaumstoffclownsnase öffentlich aufgebahrt werde, was in Amerika übrigens public viewing heißt, der Sarg soll so stehen, dass man um eine Ecke gehen muss, sodass die Leute von dem Anblick der roten Nase überrascht werden. Ihr Gesichtsausdruck bzw. das Entgleisen der Gesichtszüge soll mit versteckter Kamera aufgenommen und bei der Nachfeier auf Großleinwand gezeigt werden.«

Die Frau sagte: »Vergiss es, das mache ich nicht mit. Du hast weiß Gott genug Spaß gehabt im Leben, und ich habe immer gute Miene dazu gemacht, auch wenn die Gags grottig waren, aber an dem Tag möchte ich es richtig nett haben, ich möchte weinen, anderen weinenden Menschen in den Armen liegen ...«

»Weinen kannst du später noch, Weib, z. B. bei der Testamentseröffnung, ich aber habe einen Ruf als Komiker zu verlieren, er ist schließlich alles, was von mir bleibt, außer der Pornosammlung und ... gut, das tut nichts zur Sache, jedenfalls sollen die Leute sagen: So habe ich noch nie gelacht auf einer Beerdigung, nää, war das schön, warum kann der Mann nicht öfter sterben?«

Die Frau sagte: »Na wenn du unbedingt willst, aber dann auch richtig. Dann zieh ich das als Nekro-Gastro-Event auf, für 400 Leute, Kostenpunkt 300 Euro pro Person, Lafer und Lichter kochen, und wenn das gut läuft, lass ich dich von dem Körperweltenheini ausstopfen und geh damit auf Tournee. Ich werde gleich mal unseren Agenten anrufen, damit er alles checkt.«

Als der Komiker die Dollarzeichen in den Augen seiner Frau irrlichtern sah, wurde ihm seltsam bang ums Herz. Konnte es sein, dass sie bereits jetzt schon nicht mehr trauerte, wo es noch gar nicht so weit war, und nur noch von dieser Idee – es war immerhin seine – besessen war?

Leicht angesäuert schlug er ihr vor, alle Einnahmen aus seiner »Never Come Back Tour« der Red-Nose-Stiftung zu überlassen.

»Daran hab ich auch gerade gedacht«, erwiderte sie prompt, »die Spendenshow läuft allerdings schon nächste Woche, Sonya Kraus und Thomas Hermanns moderieren. Meinst du, du kriegst das bis dahin hin?«

Ihm stockte der Atem. »Zur Not«, fuhr sie fort, »können wir ja auch ein bisschen nachhelfen, ich habe da auch schon mal Kontakte in die Schweiz geknüpft, ich brauche dir ja nicht zu sagen, was das für eine Riesenwerbung für die Tour wäre.«

»Jetzt pass mal gut auf«, rief er, »du wirst es ja wohl noch erwarten können, erst mal machen wir eine Abschiedstournee unter dem Motto: Jeder Abend kann der letzte sein, und unter den Leuten, die dann da sind, wird ein Auto verlost, das kannst du jetzt erst mal anleiern, und dann sehen wir weiter.«

Und so geschah es. Die Tour wurde ein Riesenerfolg. Jeden Abend saß eine junge, wunderschöne Frau in der ersten Reihe und lachte und weinte durcheinander ohn' Unterlass. Der Komiker befahl seinem Tourleiter, die Dame in seine Garderobe zu bringen, und – was soll ich sagen – es war Liebe auf den ersten Blick. Der Komiker trennte sich auf der Stelle von seiner bösen habgierigen Frau, wobei er ihr alles überließ, was er besaß. Das war allerdings nicht besonders schwer, erstens war es nicht viel, und zweitens war die junge Frau schwerreich.

Ihre erste Liebesnacht war wunderbar. Ältere Männer haben einen großen Vorteil: Wenn sie einmal gefechtsklar sind, können sie Stunden durchhalten. Bei zwölf hatte die junge Frau aufgehört, ihre Orgasmen zu zählen. Die Villa, oder besser, das Lustschloss hallte wider von ihren Schreien. Als sie endlich völlig erschöpft von ihm heruntersank, glücklich und atemlos, lächelte er. Eine Stunde später lächelte er noch genauso.

Die Beerdigung fand in aller Stille statt. Neun Monate später wurde die junge Frau von einem gesunden Knaben entbunden, an dem nichts Auffälliges war außer seiner roten Nase.

OPA

»Opi, erzählst du uns noch eine Gutenachtgeschichte?«

»Och, Kinder, der Opa ist müde, wollt ihr nicht noch ein bisschen Spätfilm gucken? Heut kommt der allererste Zombie-Film von Romero, der ist richtig gut.«

»Och, Opi, du kannst doch so toll erzählen, wir holen dir auch noch ein Bier aus dem Kühlschrank!«

»Na gut, dann aber auch nen Schnaps dabei. Also, als Bill Wyman bei den Stones ausstieg, war der Opa als Nachfolger im Gespräch, ich habe vorgespielt, die Jungs waren begeistert, besonders Keith Richards, und das hat wohl den Ausschlag gegeben, da hat Mick sich stur gestellt und gesagt: Nur über meine Leiche, hatte wohl Angst, ich stehle ihm die Show, gar nicht mal unbegründet, gut, meine Zunge ist nicht so lang, aber der männliche Körper besteht nicht nur aus Zunge.«

»Opi, warum hat Mick Jagger so eine lange Zunge?«

»Och, Jessica, das ist eine lange Geschichte, dafür ist es zu spät.«

»Och, Opi, bitte, bitte, guck mal, ich hab die Schnapsflasche mitgebracht, damit wir nicht immer laufen müssen.«

»Na gut, aber nur noch diese Geschichte. Also der Mick Jagger ist eigentlich eine Frau, hat sich aber gedacht, als Frau bin ich zu hässlich, da werde ich kein Star, also hat er sich als Mann verkleidet.«

»Du meinst, der Mick is ne Transe? Hat er sich denn umbauen lassen?«

»Na sagt mal, woher kennt ihr denn so was, na so was, da muss der Opi glatt noch ein Näpschen nehmen. Nein, der Mick, oder besser die Mike, wie er bandintern genannt wird, hat sich nie umbauen lassen; er ist sehr wehleidig, und das sind ja mehrere komplizierte Operationen, ich habe das in meiner Zeit als Chirurg auch einige Male gemacht ...«

»Wann warst du denn Schönheitschirurg, Opi?«

»Lass mich überlegen: 80 bis 82 war das, in Brasilien, da wurden die meisten Leute umgebaut.«

»Aber Opi, gestern hast du erzählt, da warst du Firefighter und hast als Löschflugzeugpilot weltweit Waldbrände bekämpft!«

»Genau, und abends habe ich verzweifelte Menschen operiert, die im falschen Körper gefangen waren und sich im Schutz der Dunkelheit in meine Praxis schlichen, weil sie sich schämten und weil das Ganze natürlich auch nicht ganz legal war; ich stand immer mit einem Bein im Knast. Da war die Brandbekämpfung natürlich eine ausgezeichnete Tarnung.«

»Wann hast du denn den Flugschein gemacht?«

»75, als ich die Kampfschwimmerausbildung gemacht habe, da war ich viel früher fertig als die andern Jungs, da hab ich das noch drangehängt, waren ja auch Wasserflugzeuge, apropos Wasser, soll der Opi verdursten, oder was?«

»Und was ist jetzt mit Mick Jaggers Zunge?«

»Na ja, die hatte er schon immer, die hat ihm bei den Groupies das ersetzt, was er nicht hatte.«

»Du meinst den Dödel, Opi?«

»Wenn du es so nennen möchtest ...«

»Also der Mick hat da unten nix?«

»Nein, also damals nicht.«

»Woher weißt du das?«

»Schau mal, die Schnapsflasche ist leer, jetzt müsst ihr aber wirklich schlafen ...«

»Opi, nur noch die Geschichte, woher du weißt, dass der Mick keinen Dödel hat, und guck mal, was ich hier habe!«

»Na sag mal, Kathleen, das ist ja eine kleine Flasche Glenmorangie, mein Lieblings-Maltwhisky, wo habt ihr die denn her?«

»Das erzählen wir dir, wenn du das mit Mick erzählst.«

»Also gut (nimmt einen tiefen Schluck), der Mick hat mich mal in einem Londoner Stripschuppen, wo er zwei Nächte die Woche als Animierdame arbeitete, angemacht, ich hab ihn erst gar nicht erkannt, und als wir dann auf meine Bude gingen, da war die Überraschung natürlich groß.«

»Und hast du denn andere Promis operiert?«

»Na, so viele waren das nicht, damals, als ich Kart-Weltmeister war, kam mal der Vater von Michael Schumacher, da bin ich ja auch oft gefahren, da war der Michael fünf oder sechs Jahre, und der hatte praktisch kein Kinn, das sah verboten aus, und da hab ich dem Michael ein neues Kinn gemacht.«

»Aber das sieht doch total scheiße aus, Opa!«

»Ja, das hat Michaels Vater auch gesagt, und die Mutter hat sogar geweint, da hab ich dann auch kein Geld genommen. So, und jetzt wird geschlafen.«

»Und hast du den Mick dann vernascht, Opi, obwohl er dich nicht in der Band haben wollte?«

»Na, ihr kennt doch euren Opi, der hat mich danach angefleht, dass ich Bassmann werde, aber da hatte ich natürlich auch meinen Stolz. So, und jetzt will der Opa wissen, wo ihr den tollen Whisky herhabt.«

»Na dem Kevin sein Vater ist doch Spirituosenhändler, und der Kevin nervt doch schon so lange, dass wir ihm unsere Mumu zeigen sollen, und da haben wir gesagt, wenn er uns zwei Fläschchen von Opis Lieblingswhisky mitbringt, können wir drüber reden.«

»Moment, ihr habt diesem hergelaufenen Rotzlöffel für Schnaps eure Mumu gezeigt? Da muss der Opi aber schimpfen!«

»Nein, wir haben drüber geredet, hörst du denn nicht zu, Opi?«

»Na, ihr seid mir ja zwei raffinierte Biester, na ja, ihr seid halt Opis Enkelinnen, von nix kommt nix. Und jetzt gebt dem Opi noch das zweite Fläschchen Glenmorangie, und dann geht der Opi schlafen.«

»Nein, Opi, noch nicht, die gibt es erst, wenn du uns die Geschichte erzählst, wie du Carla Bruni überredet hast, Sarkozy zu heiraten, weil sie dir so auf die Nerven ging.«

»Gebt jetzt sofort die Flasche her, sonst wird der Opi böse!«

»Omi, komm schnell, der Opi ist wieder besoffen und randaliert!«

»Ach du Scheiße, das kriegt ihr wieder, ihr Mistgören!«

»Walther, wie oft hab ich dir schon gesagt, du sollst die Kinder abends schlafen lassen, wer will denn diesen Blödsinn schon hören, den du immer verzapfst, sag mal, hast du wieder getrunken?«

»Nein, Uschi, wie kommst du denn darauf?«

»Omi, heißt du eigentlich wirklich Obermaier?«

»Schlaft jetzt!«

RAUCHVERBOT

»Susanne hat mir erzählt, das Rauchverbot wird in Spanien gar nicht ernst genommen«, erzählte sie. »Zumindest in Andalusien nicht, wo sie Urlaub gemacht hat. Da stehen zwar auf den Theken in den Bars und Restaurants große Schilder: Prohibido fumar, aber direkt daneben stehen auch die Leute und schmöken in aller Seelenruhe, selbst wenn der Dorfpolizist direkt danebensteht.«

»Vielleicht können die nicht lesen«, entgegnete er, amüsiert darüber, wie raffiniert sie ihr Verlangen nach einer Zigarettenpause offenbarte, doch dafür würde sie bis zum nächsten Tankstopp warten müssen.

»Quatsch, natürlich können die lesen. Brauchen sie nicht mal, um das Bild einer durchgestrichenen Zigarette zu verstehen. Aber das Allertollste kommt noch, es ist in Spanien jetzt sogar verboten, im Auto zu rauchen! Das kostet 70 Euro, wenn du erwischt wirst«, empörte sie sich.

»Ist auch richtig so«, sagte er ungerührt, »denn wenn einem die Kippe beim Fahren in den Schoß fällt, überfährt man womöglich noch ein Kind, weil einem der alte Sack näher ist als das aufblühende Leben.«

»Na, dann kann ich mir ja ganz entspannt eine anstecken«, meinte sie und begann sich eine zu drehen, wobei sie »Alles mit der Hand, mit der Hand, macht der Fabrikant, Fabrikant« zur Melodie von »Yellow submarine« mehr skandierte als sang.

»Lass es, wir haben eine Absprache!«

»Reg dich runter, nur drehen, nicht anmachen. Ich baue mir einen kleinen Vorrat, du unterhältst dich ja sowieso nicht mit mir, du bist langweilig!«

Zeitgleich mit dem »langweilig«, das nicht nur lauter, sondern auch hochfrequenter gesprochen wurde als der Rest, platzte der linke Vorderreifen.

Bei einem plötzlichen Luftdruckverlust im Reifen passiert Folgendes: Die Lauffläche schält sich durch den Luftverlust, dadurch zieht das Auto zur Seite. Der erfahrene Fahrer kuppelt sofort aus, hält das Lenkrad fest, lenkt gegen und bremst nicht, wenn es geht, weil sich die Ziehwirkung sonst verstärkt. Man lenkt dann vorsichtig auf den Seitenstreifen, denn bei zu schnellem Spurwechsel kommt man gern auch mal ins Schleudern, lässt den Wagen ausrollen und raucht erst mal eine. Dieses gilt für den Hinterreifen. In diesem Fall war aber, wie bereits gesagt, der linke Vorderreifen geplatzt. Der Wagen drehte sich nach links, semmelte in die Leitplanke, prallte ab, segelte über die ganze Fahrbahnseite und wurde rechts von einer Notrufsäule zum Stehen gebracht.

Lange Zeit sagte keiner etwas. Sie waren beide unverletzt, gut, die Rauchutensilien waren im ganzen Wagen verteilt, darunter auch erstklassiges Gras aus eigenem Anbau, aber der Wagen war Schrott. Und er gehörte ihrem Mann. Wie sollte sie ihm das beibringen?

»Schatz, unser Zweitwagen ist jetzt unser Erstwagen ...?«

In diesem Moment hielt hinter ihnen ein Polizeiwagen, der eine Beamte trabte schon mit dem Warndreieck nach hinten, der andere näherte sich der Fahrertüre. »Zu spät, um auf den Fahrersitz zu wechseln«, dachte sie scharfsinnig, als das Handy klingelte. Es war ihr Mann.

»Schatz, da will gerade ein Polizist was von uns, kann ich dir den mal geben?« Sie reichte dem Beamten das iPhone, als er sich gerade zu wundern beginnen wollte. »Für Sie, es ist der Polizeipräsident«, sagte sie und bemühte sich, nicht schnippisch zu klingen.

»Ihr Kennzeichen, jawohl. Herr Polizeipräsident, Totalschaden, soweit ich ... nein, Ihre Frau saß nicht am Steu... ein Mann ... dunkler Teint ... Personalien noch nicht ... jawohl, Herr Polizeipräsident. Für Sie, es ist der Polizeipräsident.«

Mit diesen Worten reichte der Beamte ihr das Handy wieder. »Und Sie steigen bitte aus und folgen mir zum Einsatzwagen.«

»Wer ist der Kerl, der meinen Wagen zu Schrott gefahren hat?«, blökte ihr Mann durch den Äther.

»Wie es mir geht, interessiert dich wohl gar nicht«, gab sie scharf zurück. »Ich wäre gerade beinahe ums Leben gekommen, weil dein Reifen geplatzt ist. Hätte Bernd nicht so erstklassig reagiert, oh Gott, wer weiß, womöglich hat er mich sogar vor dem Rollstuhl bewahrt und ...«

»Ist ja gut, ist ja alles gut gegangen, nun reg dich ab ...«

»Abregen? Ich fange gerade erst an, mich aufzuregen, du herzloses Ungeheuer. Hab ich dich nicht letzte Woche ausdrücklich gebeten, den Wagen zur Inspektion zu bringen? Ich hab doch geahnt, dass da was nicht stimmt. Und, wer hat den Termin verschlunzt? Oder hast du es etwa absichtlich gemacht? Wolltest du mich vielleicht auf diesem Weg loswerden, loswerden für immer, damit du endlich freie Bahn hast für deine ...«

»Beate, hör auf damit, hör sofort auf, du weißt, dass das nicht stimmt, beruhige dich, bitte. Sag, sind die Beamten noch in der Nähe?«

»Du meinst wohl Hörweite, was? Das ist ja wohl der Gipfel, ich bin schwer traumatisiert, und du sorgst dich um deinen guten Ruf, um deine Karriere!«

»Beate, so war das nicht gemeint, bitte…«

»Nein, sie sind nicht in Hörweite, aber das lässt sich auf der Stelle ändern!«, kreischte sie mit wohldosierten Anteilen von Hysterie und Panik auf dem Zäpfchen, öffnete die Beifahrertür und schlug sie gleich wieder zu.

»Beate, bitte, bitte, mach jetzt nichts Unüberlegtes.«

»Nichts Unüberlegtes«, wimmerte sie ins Telefon, wobei sie einen prüfenden Blick auf ihre Fingernägel warf und wiederholte: »Nichts Unüberlegtes, also gut, ich will die Scheidung, das Haus in Spanien, das Konto auf den Cayman-Inseln und monatlich 5000, okay?«

»Beate, sei nicht kindisch, wie soll ich denn ein Schwarzgeldkonto in eine Scheidungsvereinbarung aufnehmen, ich bin Staatsbeamter, und außerdem hast du meine Frage nicht beantwortet, wer ist dieser Albert oder Bert…?«

»Er heißt Bernd und ist Steuerfahnder, er hat damals die Liechtenstein-Sache mitbearbeitet und ist in einer Sonderkommission für die Cayman-Inseln…«

»Schon gut, Beate, gib mir den Einsatzleiter noch mal!«

Beate brüllte aus dem Fenster: »Ihr Chef will Sie noch mal sprechen!«

Der Beamte stürzte herbei und nahm das iPhone ans Ohr: »Jawohl, Herr… ja… alles klar.«

Ein halbes Jahr später wurde die Lokalpresse eine Zeit

lang von nur einem Thema beherrscht: Frau des Polizei-
präsidenten und ihr Lover wegen Drogendealerei verhaf-
tet. Zwei Kilo Heroin, die sie im Reservereifen versteckt
hatten, was sie bis zuletzt versuchten zu leugnen. Der Poli-
zeichef selbst ließ sich wegen eines nie erkannten Rücken-
leidens dienstunfähig schreiben und schippert seitdem mit
einem Segelboot durch die Weltgeschichte, keiner weiß,
wo genau.

Nur seine langjährige Sekretärin liest unter Tränen
zweimal am Tag die Ansichtskarte, die er ihr von den Cay-
mans geschickt hat: »Liebste Mausi, ich denke oft an unsere gemeinsamen Überstunden zurück. Diese einheimi-
schen Mädels haben es einfach nicht so drauf wie Du.
Grüß Deinen Mann, wenn Du ihn im Knast besuchst,
und sag ihm, er hätte wirklich Glück gehabt.«

Dass seine Exfrau mit ihrem Verdacht, was den Reifen
angeht, gar nicht so verkehrt gelegen hatte, hat er dann
aber doch nicht geschrieben.

SCHIMMEL

Im Geiste sah sich Jessica als gefeierter Star der Literaturszene, umschwärmt von Kritikern und Kollegen, vergöttert von Millionen von Lesern rund um den Globus. Nur das Schreiben wollte ihr nicht so recht gelingen. An Ideen mangelte es nicht, aber selten kam sie über den ersten Satz hinaus, weil sie ihn auf der Jagd nach Perfektion so lange bearbeitete, bis er nicht mehr zu gebrauchen war. Deswegen war sie auch ein wenig neidisch auf den Hausmeister, der anstehende Probleme ratzfatz löste und dabei noch selig kleine Liedchen pfiff. Den Schimmel an der Wand hinter ihrer Kommode im Schlafzimmer hatte er längst nicht so ernst genommen wie sie, und ihre Besorgnis hinsichtlich der gesundheitlichen Auswirkungen wurden von ihm mit einer abfälligen Handbewegung weggewischt. »Det sprüh ick Ihnen ordentlüsch ein mit eene Speziallösung, und denn is jut«, hatte er gesagt. »Nur nisch verjessen zu lüften, wa. Det hat aber ooch jeschüttet die letzten Tage. Möglischerweise verstopfen Blätter die Rejenrinne, da wer ick misch sofort ma drum kümmern.«

Und dann hatte er gesprüht, dass ihr Riechen und Sehen vergingen. Seine Worte fielen ihr am nächsten Morgen wieder ein, als sie nach der Ursache für ihre dicken Augen, die verklebte Nase und die Kopfschmerzen suchte. Vielleicht hatte sie zu kurz gelüftet. Der Weg vom Bad zu ihrem Schreibtisch schien endlos, sodass sie dachte, die Wohnung sei über Nacht gewachsen. Auch die Tastatur ihres Computers wirkte wie die eines Klaviers, an dem sie sich nun niederließ und selbstvergessen zu spielen begann. Zwei Stunden später erwachte sie wie aus einer Trance, und vor ihr lag auf zehn frisch ausgedruckten Seiten die Fantasygeschichte, die seit Wochen in ihrem Kopf gespukt hatte. Sie las sie einmal, zweimal... hatte sie das wirklich geschrieben? Die Geschichte war in jeder Hinsicht perfekt. Ein Held, den man sofort ins Herz schließt, eine Super-Angebetete, die in Gefahren gerät, wie man sie noch nie erlebt hat, mit Monstern, für die George Lucas sein rechtes Auge geben würde, einfach traumhaft. Wo kam dieser plötzliche Schreibschub her?

Sie brauchte jetzt ein Glas Sekt und eine Zigarette, zur Belohnung, zum Nachdenken und zur Beruhigung. Wo waren die verdammten Zigaretten nur? Im Schlafzimmer. Als sie es betrat, wurde ihr schon wieder anders, das Zeug stank wirklich widerlich. Beim Griff nach der Zigarettenschachtel wurde ihr schwarz vor Augen. Sie taumelte gegen die Wand und rutschte an ihr runter zu Boden. Zumindest würde sie sich das später anhand der Schleifspuren auf der Wange so zusammenreimen. Zusammen mit einer absolut perfekten Sex-and-Crime-Kurzgeschichte, die sie im Kopf vorfand, als sie wieder zu sich kam.

Nach zwanzig Minuten war sie geschrieben und ausgedruckt. Sie mailte beide Geschichten ihrem Lektor mit der Bitte um rasche Begutachtung, sie sei nicht sicher, ob die Sachen etwas taugten.

Zehn Minuten später rief er an: »Jessicaschatz, ich weiß nicht, was du genommen hast, aber ich will es auch haben, egal, was es kostet. Diese beiden Sachen sind so verdammt scheißabgefahren, so was Geiles habe ich in 20 Jahren Berufstätigkeit nicht gelesen. Bleib am Ball, schreib weiter, und morgen ist der Vertrag da, lässt der Chef ausrichten, und ob du mit fünfzehn Prozent statt zehn einverstanden bist, fragt er.«

Wie, genommen? Was meinte ihr Lektor? Plötzlich traf sie die Erkenntnis wie eine Abrissbirne: Das Schimmelzeug vom Hausmeister musste es sein! Da war irgendeine Substanz drin, die ihr Kreativzentrum so in den Arsch getreten hatte, dass sie plötzlich nur noch Bestsellermaterial absonderte. Hastig suchte sie den Zettel mit der Telefonnummer des Hausmeisters und griff zum Telefon.

»Hier bei Wuttke, wer spricht dort?«

»Jessica Falk, guten Tag, ich möchte gerne Herrn Wuttke sprechen.«

»In welcher Angelegenheit?«

»Das würde ich ihm gerne selber sagen, wenn Sie nichts dagegen haben!«

»Unter Umständen schon, Herr Wuttke ist flüchtig, hier spricht die Drogenfahndung, und Sie nennen mir jetzt bitte Ihre Adresse und Ihre Personalien, damit wir ein Rendezvous ausmachen können.«

»So eine blöde Anmachtour habe ich ja noch nie gehört, Sie können mich mal!« Sie warf den Hörer auf ihr altmodisches Telefon, auf das sie sehr stolz war.

»Scheiße noch mal«, dachte sie, »Wuttke ist verschwunden und mit ihm der Stoff, aus dem die Knaller sind, ich muss ihn finden!«

In diesem Moment klingelte es an ihrer Tür.

»Tach, Frau Falk, ick bin's«, lachte Wuttke sie mit seiner

chamoisfarbenen Kauleiste an, »wollte noch mal nach dem Schimmel schauen. Hat det Zeugs jewürkt?«

»Und wie«, entfuhr es Jessica überschwänglich; dann biss sie sich auf die Lippen. Das war ja wohl die falsche Taktik. »Aber ich glaube, da sind noch Stellen, die unbedingt behandelt werden müssen«, schob sie nach, ließ den Hausmeister eintreten und schloss schnell die Tür hinter ihm.

»Haben Sie das Mittel dabei?«, fragte sie und versuchte nicht aufgeregt zu klingen.

»'türlich, ohne meinen Erste-Hilfe-Koffer geh ick nisch auf Tour«, sagte Wuttke vergnügt, öffnete die über seiner Schulter hängende Werkzeugtasche mit einem Griff und holte die weiße Plastiksprühflasche hervor.

»Herr Wuttke, ich habe eben bei Ihnen angerufen, und da war die Drogenfahndung am Apparat, die suchen Sie!«

Wuttke stoppte nur unmerklich auf seinem Weg in ihr Schlafzimmer.

»Haben die eigentlich nischt Besseres zu tun? Da haben se wahrscheinlich wieder meinen Ältesten mit paar Krümel Gras erwüscht und wollen mir die Hölle heißmachen. Aber eens kann ick Ihnen janz offen sagen, et is ma lieber, der raucht ab und zu een Joint mit seine Kumpels, als dass er süsch ins Koma säuft, wa.«

Wuttke war inzwischen auf den Knien vor der Wand und tastete sie ab. »Vielleicht wäre es besser, Sie kümmern sich sofort darum, Herr Wuttke, das macht doch einen guten Eindruck bei der Staatsgewalt. Lassen Sie einfach die Flasche hier, ich mach das schon.«

»Da könnten Sie recht haben, obwohl mir det bis hier steht«, erwiderte Wuttke, stand auf und gab ihr die Flasche. »Ick würd höchstens noch mal da seitlich über die Ränder sprühen«, wies er sie an, »und verjessen Se nisch zu lüften, wa«, erinnerte er sie beim Rausgehen.

Jessica stürmte in ihre Küche, stellte die Flasche auf den Tisch, holte einen Cognacschwenker, schraubte den Sprühkopf von der Flasche, goss ca. 2 cl in den Schwenker, schwenkte ihn so, als ob er einen 20 Jahre alten Lepanto enthielte, hängte die Nase ins Glas und inhalierte, so tief sie konnte. Als sie wieder zu sich kam, hielt sie nur noch den kurzen Stiel des Cognacschwenkers in der Rechten, der Glaskörper war akkurat auf dem Küchenboden verteilt; es war bereits Abend. Wie in Trance ging sie an den Computer und schrieb die Nacht durch.

Gegen sieben Uhr fügte sie das 40-seitige Textdokument als Datei zu der Mail an ihren Lektor hinzu und bereitete sich ein Frühstück.

Um neun Uhr ging das Telefon: »Jessicaschatz, wir drehen hier alle durch im Verlag, das ist so ein Geilomat, dein Text, megalohyperhammermäßig, pass auf, wir wollen das ganz neu starten, weltweit, Tabula rasa, also vergiss Jessica Falk, ein neuer Name muss her, wie findest du Cornelia Funke?«

SCHREIBGERÄT

Wer behauptet, dass das In-den-Schnee-Pinkeln eine reine Männer-Domäne sei, der irrt gewaltig. Nach der sehr ausgelassenen Weihnachtsfeier eines namhaften Steuerberatungsbüros (74 Angestellte – davon 42 weiblich) landeten einige mit Getränken bis zum Rand volle Blasen samt deren Herren in Begleitung einiger durch geistige Getränke deutlich aufmerksamkeitsgestärkte Damen gibbelnd auf einer mit Neuschnee bedeckten Wiese nahe der Feierstätte.

»Tschulligun, muss dringend« murmelnd, wandte sich einer der Herren ab und nestelte an seiner Hose, um Tür und Tor zu öffnen.

Die Chefsekretärin stellte sich neben ihn und beobachtete gebannt, wie sein Piephahn in der eisigen Luft schrumpfte.

»Oh, ein Stift«, rief sie albern. »Kann man damit schreiben?«

»Selbstverständlich, mein Frollein«, griente der Befragte, und eh er sich's versah, griff sie sich schnurstracks sein Schreibgerät und begann damit die Buchstaben ihres Vornamens in den Schnee zu schreiben.

»Nich so feste drückn«, riet ihr der Tintenspender, »sonst geht noch die Mine kaputt.«

»Aber ich muss doch zwischendurch absetzen, sonst kann man's nachher nich lesen«, meinte die Schreibkraft und fuhr unbeirrt fort.

»Ich beherrsche die Schönschrift, da braucht man nicht absetzen!«, eiferte ihr eine andere Dame sofort nach, worauf der Leiter der Umsatzsteuerabteilung ihr umgehend seinen Stift in die Hand drückte mit den Worten: »Das möchtich sehn.«

»Kann man mit dem auch rechnen?«, fragte eine andere Dame den neben ihr stehenden und in das fortlaufende Schauspiel vertieften Kollegen.

»Mit meinem können Sie immer rechnen«, lachte der vielsagend und öffnete den Verschlag. »Bitte bedienen Sie sich.«

Das Ganze wirkte ansteckender als Gähnen, und plötzlich machten sich zwei Damen an einem Herrn zu schaffen und schrien vergnügt: »Wir können sogar teilen!«

Um das noch zu toppen, juchzten weitere drei Teilnehmerinnen um den selig lächelnden Mitarbeiter aus dem Ressort »Außergewöhnliche Belastungen« herum triumphierend: »Die Mengenlehre funktioniert auch!«

»Un wie steht's mit der Potenzrechnung?«, fragte die Spezialistin für Arbeitnehmer-Sparzulagen ins feuchtfröhliche Getümmel, während sie von einer ihren hohen Hacken kippte.

Nur Edda, 21, Praktikantin, blauroter Stiftekopp, wie man im Rheinland sagt, also mit dem versehen, was früher als »Mecki-Schnitt« landauf, landab gefürchtet war, machte noch schmalere Lippen, als sie ohnehin schon hatte, und verschwand so schnell in einem China-Imbiss, dass die Piercings klapperten.

Kurze Zeit später umstanden 59 Angestellte – 15 hatten wegen Unwohlsein die Segel gestrichen – einen makellosen Namenszug im Schnee. EDDA in Times New Roman.

»Hasse das denn hingekriegt?«, fragte der Chor der Verbliebenen unisono.

»Na gepinkelt«, sagte Edda knapp.

Hätte es sich um die Weihnachtsfeier eines Priesterseminars gehandelt, wäre sicher der eine oder andere unter »Ein Wunder«-Rufen in den Schnee gefallen, so aber setzte ein allgemeines Kleiderordnen und Besoffen-nach-Hause-Fahren ein. Die Herrschaften waren zu sehr mit sich selbst beschäftigt gewesen, als dass jemand bemerkt hätte, wie Edda mit einer Wachstuchtischdecke aus dem China-Imbiss gekommen war, aus der sie mit einer Schere EDDA ausgeschnitten hatte und die sie nach Gebrauch als Schablone natürlich zurückgebracht hatte.

SCHULZEIT

»Was glotzt du denn so?«, fragte meine Frau letztens im Biergarten.

Ich sagte: »Ich werd verrückt, ich glaube, das ist Vera, mit der bin ich zur Schule gegangen!«

»Müsste sie dann nicht in deinem Alter sein, und nicht zirka 25?«

»Jetzt, wo du's sagst, fällt es mir auch auf.«

Abends war meine Frau zum Stammtisch, also zog ich mir in Ruhe einen Porno rein. Sie kam unerwartet früh, also meine Frau jetzt, nach Hause, meine ich.

»Was guckst du dir denn da an?«

»Du, das gibt es nicht, die Blonde da ist Beate, mit der bin ich mal zur Schule gegangen.«

»Vom Alter her könnte es hinkommen, aber bist du sicher, dass es 1954 in deutschen Volksschulen schwarze Schulkinder gab?«

»Hör ich da fremdenfeindliche Untertöne?«, trat ich die Flucht nach vorn an.

»Los, komm jetzt ins Bett«, befahl sie, »dann zeig ich dir mal, wie eine deutsche Hausfrau zuschlägt!«

Wenn ich eins hasse, dann zum GV gedrängt zu werden. So etwas muss sich spielerisch ergeben, und auch dann ist längst nicht gesagt, dass alles klappt, in den mittleren Jahren ist so was immer ein Ritt über den Bodensee, jeder, der vom bitteren Kelch des Versagens gekostet hat, wird mir aus tiefster Seele zustimmen. Andererseits ist es nicht Männerart, rumzuzicken, Kopfschmerzen vorzutäuschen oder Ähnliches, aber Gewalt mag ich nun mal gar nicht. Einmal haben wir mit Handschellen experimentiert, wo ihr dann die Schlüssel ins Klo gefallen sind, das dreckige Grinsen von dem Schlüsseldienstmann sehe ich jetzt noch vor mir.

Also sagte ich: »Ich würde zu gern mal wissen, wie es ist, wenn zwei deutsche Hausfrauen zuschlagen. Kannst du nicht mal deine Freundinnen fragen, vielleicht die blonde, die diese leckeren Eintöpfe macht, letztens erst den köstlichen Grünkohl mit Birnen, wie heißt sie noch gleich?«

Rumms, sie knallte die Schlafzimmertür so fest zu, dass einige Bücher aus dem Regal fielen, sie kann es halt nicht leiden, wenn ich die Kochkünste anderer Frauen lobe. Das funktioniert immer und hat mir schon viele schöne Abende mit meinen Kumpels beschert. Ich hob die Bücher auf und stellte sie ins Regal zurück, dabei fiel mir ein Brief in die Hände, der an sie adressiert war. Den Briefkopf kannte ich nicht, in fremde Post zu gucken ist nicht meine Art, aber der Brief steckte in einem meiner Bücher, das heißt ja wohl, dass ich ihn lesen sollte, also las ich:

Liebe Annabel,
Elke hat mir von Deinem Entschluss erzählt, Günther,
diesen Vollidioten, zu heiraten. Um Himmels willen,
was ist in Dich gefahren? Der Typ hat keine Kohle,
weder Humor noch Fantasie, und tanzen und vögeln
kann er auch nicht. In ein paar Jahren hängt der nur
noch vorm Fernseher ab und guckt sich Pornos an.
Blumen besorgt der übrigens grundsätzlich vom Fried-

hof, Ira hat ihn zufällig dabei erwischt, und mir hat er damals obendrein noch eine Grablampe zum Geburtstag mitgebracht und behauptet, es sei das neueste Partylicht. Und ein massives Alkoholproblem hat er auch. Kratz Deinen Grips zusammen, lass diese Null sausen, da kommt auch hinterm Komma nichts mehr. Und spiel jetzt nicht die Beleidigte, Du hast wirklich was Besseres verdient.

Ich küsse und umarme Dich, Deine alte Schulfreundin Brigitte.

Hier gab es ja wohl Klärungsbedarf. Ich stürzte gegen meine Gepflogenheiten einen dreistöckigen Bourbon und riss die Schlafzimmertüre auf.

»Sagt dir der Name Brigitte etwas?«

»Was ist los? Kannst du mal deutlicher artikulieren, oder bist du wieder besoffen?«, keifte meine Frau.

»Wer ist Brigitte?«, sagte ich betont langsam und akzentuiert.

»Meine alte Schulfreundin, von der habe ich lange nichts gehört, seit vier Jahren.«

»Wie lange sind wir verheiratet? Zehn Jahre?«

»Nein, das kommt dir nur so vor, es sind vier Jahre.«

»Und wie viele Günthers kennst du?«

»Nur einen.«

»Und wer ist das?«

»Das bist du.«

»Und wie würdest du mich beschreiben?«

»Willst du das wirklich wissen?«

»Ja.«

»Du bist ein pornosüchtiger, alkoholabhängiger Loser

ohne einen Funken Fantasie, geizig, humorlos, kannst weder tanzen noch vögeln. Reicht das?«

»Ich denke schon«, sagte ich und entledigte mich meiner Kleidung. Meine Frau pfiff anerkennend, und es
wurde eine lange und wilde Nacht.

Später, viel später seufzte sie: »Puh, das war spitze, aber
irgendwie ist das doch ganz schön aufwendig, dich scharf-
zumachen. Briefe schreiben, in Büchern verstecken, man
weiß nie, wann du sie findest...«

STAMMTISCH

»Wann hat dir das letzte Mal eine Frau ihre Titten gezeigt?«

Es gibt Fragen, nach denen es im ganzen Raum still wird, sei es, weil die Peinlichkeit der Situation quasi gelöffelt werden kann, sei es, dass die Vorfreude auf eine körperliche Auseinandersetzung allen die Zunge lähmt. Nicht so beim Stammtisch der »Alten Knaben«, einer losen Formation von Senioren, deren Gespräche fast ausschließlich um Dinge kreisen, wie sie vorzugsweise Adoleszenten umtreiben.

»Wat hasse gesacht?«

»Wann dir zum letzten Mal eine Perle ihre Tüten gezeigt hat!«

»Wat ham wer heute?«

»Dienstag.«

»Vor drei Jahren, glaube ich, da kam nämlich meine Putze das erste Mal zu mir. Meine Tochter hatte das arrangiert, weil sie meinte, ich würde im Dreck verrotten, und dat Mädel war ein hübsches junges Ding. So wat hatte ich überhaupt nicht erwartet. Und vor lauter Überraschung verfiel ich in die Höflichkeit und hab ihr außem Mantel geholfen, und da stand se auf einmal nur in Slip und Turnschuhe da.«

»Und wat hasse gesacht?«

»»Wollen Sie auch ein Schnaps auf den Schreck?‹«

»Wat fürn Schreck««, sacht se, »›sehen die Dinger so schlimm aus?‹«

»Ich sach, nee, sach ich, ganz im Gegenteil, ich rede ja auch von ein freudigen Schreck.«

»Ja und dann?«

»Dann ham wer ein Schnäpperken getrunken, und dann hat sich rausgestellt, dat die Putzagentur dat verwechselt hatte. Bei mir sollte normal geputzt werden, und die hatten aber eine für zum Nacktputzen geschickt.«

»Ja und dann?«

»Dann hab ich gesacht, ja und jetzt? Geputzt werden muss ja schließlich! Hat se so, wie se war, geputzt, aber ich durfte nich mehr gucken, weil et ja andere Tarife sind.«

Theo, der Vorsitzende des Abends, rief: »Und diese Geschichte ist ...?«

Vier Hände gingen für »klasse« hoch, drei für »scheiße«; Paul, der Erzähler, hatte sich natürlich enthalten.

»Ein Punkt für Paul«, verkündete Theo, womit Paul zahlungstechnisch aus dem Schneider war, denn die Zeche teilten sich immer die, die keine Mehrheit für ihre Geschichten zusammenbekamen.

»Ne Runde Herrengedecke!«, bestellte Malermeister Theo lautstark in den breiten Rücken von Liesel, der Wirtin.

»Kommt, sobald du dich an meinen Namen erinnerst oder bitte, bitte sagst!«, rief Liesel über die Schulter zurück.

»Entschuldige, Liesel, eine Runde, aber dalli! Und es geht weiter, meine Herren, die Frage lautet immer noch: Wann hat dir das letzte Mal eine Frau ihre Titten gezeigt, und geht an ... Willi!«

»Ich muss erst pinkeln«, rief Willi und erhob sich rasch.

»Alfons, du gehst mit und passt auf, dat der nich mit'n Handy einen anruft und sich eine Story erzählen lässt!«

»Ich muss aber nich!«

»Du sollst ja auch nur aufpassen!«

»Ich kann aber nich, wenn einer danebensteht!«, protestierte Willi lautstark. »Dann stellt sich der Alfons eben dahinter!«

»Kommt gar nicht infrage, dann lässt der einen fahren, und ich kriech die volle Wolke ab, dat kannze selber machen!«

»So, eure Runde«, trompetete Liesel mit einem Organ, wie es damals Jerichos Mauern hatte fallen lassen. Die Senioren schauten wie ein Mann tief in ihr Dirndl. Ihre beiden Trinkgeld-Garantien präsentierte sie freitags immer nahezu open air.

Alle seufzten ergriffen und ergriffen Halt suchend die Doppelkörner. Und dann schallte ihr Kampftrinkspruch durchs Lokal.

»Prost«, wildes gemeinsames Trampeln mit den Füßen, »wir saufen voll und ganz, bis in die Ambulanz!«

Ein »Aaaaaaahhhhhh« aus acht frisch geölten Altmännerkehlen folgte.

»Dann erzählt eben Peter die nächste Story!«, bestimmte Theo.

Peter lief sofort violett an, sein Unterkiefer bebte, und aus den Mundwinkeln lief ein dünnes Speichelfädchen, bevor er zu sprechen anfing: »Heute, heute Nachmittag, halb vier!« Seine Augen leuchteten. »Nee, et war mehr zehn vor vier«, er blickte auf seine Armbanduhr, als stünde es dort geschrieben, »ja, ja, so in etwa zehn vor vier.«

»Mann«, sagte Willi, den der Harndrang nun rechtschaffen beutelte, »es kommt doch nicht auf die Minute an, erzähl endlich!«

»Mach dir doch nen Knoten rein, es war zehn vor vier, weil wir ja vorher Tee getrunken hatten«, fuhr Peter ungerührt fort, »und Marmorkuchen haben wir gegessen, und dann hat se se rausgeholt!«

»Die Möpse?«, gellte es unisono.

»Nein, die Fottos!«

»Die Fottos von ihre Möpse?«

»Immer langsam mit die jungen Ferde, erst mal die Bilder von sich als Schönheitskönigin, sie war nämlich 1958 Miss Nordrhein-Westfalen. Und da hat se mir die Bilder von gezeigt, einmal im Badeanzug, dann im Sportdress und im Abendkleid.«

»Und die Möpse?«

»Später, erst mal ham wer ein Likörchen dadrauf getrunken, dat ich in mein Seniorenstift ne echte Schönheitskönigin auffen selben Flur zu wohnen hab, und dann kam dat Beste…« Peters Stimme war jetzt nur noch ein schwer verständliches rasselndes Keuchen, sieben silberne Haarkränze rahmten ihn engstmöglich ein. »Dann hat se gesacht, so, Herr Foltinek, jetzt zeig ich Ihnen die Bilder, weswegen die mir zwei Monate später den Miss-Titel wieder aberkannt haben. Und dann holt se ne Blechschachtel aus ihre Anrichte und gibt mir einen Stoß Fottos, und ich seh schon am obersten Bild, dat ich dat ohne meine Betablocker gar nich durchsteh, und sacht: Ich muss nur mal schnell für kleine Mädchen, wenn Sie mich einen Moment entschuldigen würden… und da hab ich mir natürlich schnell die drei schönsten Fottos geschnappt und…

sacht ma, riecht ihr dat auch? Ich mein, dat röch ganz doll nach Pipi, wo einer vorher Spargel gegessen hat, und et is ja auch Spargelzeit!«

Acht violett geäderte Riechkolben sogen die Luft ein.

»Stimmt, getz riech ich et auch!« Alle bestätigten Peters olfaktorische Analyse, bis auf Willi, auf den sich nun alle Blicke richteten. Willi schien in Trance verfallen, 1958, murmelte er immer wieder und starrte mit aufgerissenen Augen ins Leere.

»Elsie! Großer Gott! Meine Elsie!« Abrupt stand er auf, wirkte stocknüchtern und sagte in einem Tonfall, der den Oberleutnant a. D. erkennen ließ: »Gib mir sofort die Fottos, Peter.«

»Wie kommst du mir denn vor, dat is Kriegsbeute, wie hat der Assauer immer gesacht: nur gucken, nich anfassen!«

Aber mit einer Bewegung, der auch das Auge viel jüngerer Menschen nicht hätte folgen können, entriss Willi Peter die Bilder, um nach einem weiteren langen Blick aufschluchzend über ihnen zusammenzubrechen.

Viele Biere und Schnäpse später hatten sie dann die ganze Geschichte aus dem immer wieder flennenden Stammtischbruder herausgeholt.

1950, da war Willi 14, hatten seine Eltern die damals 15-jährige Elsie und ihre kranke Mutter, beide Flüchtlinge aus Ostpreußen, als Untermieter aufgenommen. Elsies Mutter hielt sich und ihre Tochter durch Putzen und Nähen über Wasser, bis sie an einer viel zu spät erkannten TBC starb. Willis Eltern nahmen die Vollwaise an Kindes statt an, schickten sie sogar aufs Gymnasium, denn ihre musische wie auch sprachliche Begabung waren offenkundig. Elsie und Willi verliebten sich ineinander, Elsie wurde schwanger, Willis Eltern zwangen sie zur Abtreibung, Elsie ging dann ins Kloster, von dort in die Mission nach Afrika, wo sie zufällig von einem Filmproduzenten entdeckt wurde, der die schöne Braut Jesu wieder in die Welt zurückholte, sozusagen resäkularisierte. Willi wäre fast an gebrochenem Herz gestorben, behielt aber neben den Narben auf der Seele eine psychosomatische Inkontinenz zurück, d. h., wann immer er sich aufregte, wurden die efferenten Nervenimpulse zum Musculus detrusor, das ist die für die Entleerung zuständige Harnblasenmuskulatur, enthemmt, und die Dinge nahmen ihren Lauf, so wie auch heute wieder.

Alle waren sichtlich bewegt, Willi erntete neben weiteren Schnäpsen viel Zuspruch wie: »Arme Sau, ham wir ja gar nich gewusst, wat du da all die Jahre mit dir rumschlepps, mal nen Ton sagen können, wozu hat man Freunde, da gibbet doch Windeln für, oder?«

Irgendwann schrie Liesel: »Feierabend, letzte Bestellung und zahlen, die Herren!« Theo, der Vorsitzende, ergriff das Wort. »Paul und Peter werden kostentechnisch freigestellt, Paul hatte eine anerkannte Möpsestory, Peter hatte Möpsefottos, dat lass ich gelten, aber wat is mit Willi und seiner traurigen Geschichte? Et kamen ja zumindest Möpse im weiteren Sinne vor, wenn auch in der weiter zurückliegenden und nicht in der jüngsten Vergangenheit, mit anderen Worten, wer is dafür, dat Willi heute nix bezahlen muss?«

Die Abstimmung verlief einstimmig, Willi war aus dem Schneider, und bald darauf gingen alle nach Hause. Willi allerdings kehrte noch einmal in die Gaststätte zurück.

»So, mein Schätzken«, sagte er zu Liesel, die gerade die letzten Gläser spülte, »getz mach uns beide mal einen ordentlichen Schlummertrunk auf meine Rechnung, den haben wir uns verdient.«

Grienend zog er sein Portemonnaie aus der Hosentasche, holte einige Münzen heraus und warf sie in den Spielautomaten.

»Nimm ruhig den guten Cognac, hab ja heut noch nix ausgegeben.«

»Und«, fragte Liesel, als sie sich zugeprostet hatten, »wirst du sie wiedersehen?«

»Das nehme ich stark an, ich hab ein Gespür dafür, wenn der Automat voll ist«, sagte Willi.

»Ich meine doch nicht deine Euros, sondern Elsie«, sagte Liesel kopfschüttelnd.

»Wen?«, fragte Willi und schaute gebannt auf den Automaten. »Ach so, nee, Mensch Liesel, das war doch Kokolores.«

»Wie, du hast die Geschichte nur erfunden und uns Theater vorgespielt?«

»Ja sicher«, gab Willi zu, »den größten Teil hab ich mir ausgedacht.«

»Das darf ja wohl nicht wahr sein!«, empörte sich Liesel genau in dem Moment, als der Automat mit Klingeln und Bimmeln die Goldene Serie ankündigte.

»Siehsse, siehsse, ich hab's doch gedacht!«, trompetete Willi.

Aufgeregt scheffelte er Hunderte von Euros aus dem Automaten und stopfte sie in seine rechte Jackentasche. Das Gewicht der Münzen brachte ihn in eine gefährliche Schieflage.

»Willi, nimm die andere Tasche, sonst kippst du noch um«, riet ihm Liesel, die immer noch darüber nachsann, welcher Teil seiner Geschichte wohl der Wahrheit entsprochen hatte, bis ihr wieder der unangenehme Spargelgeruch in die Nase stieg.

STEIFER HALS

Ich hatte den Freundeskreis über meine Absicht, am Wochenende in aller Ruhe arbeiten zu wollen, informiert. Schon ab zehn Uhr saß ich am Küchentisch, wo ich immer arbeite, vor allem, wenn mein Mann an meinem Schreibtisch frühstückt, weil man von dort ungehindert in ein Ladyfitnesscenter gucken kann, teilte das große Thema in kleine Happen, und als es gerade richtig flutschte, klingelte es.

Freunde, ein Pärchen, das fast jeden Samstag nach den Einkäufen gegen Mittag seinen Cappuccino bei uns einnahm. Der linkshemisphärisch minderbemittelte Teil dieser Kleingruppe, Anton, Informatik-Fachmann, griff mir mit den Augen kurz an die Brust und eilte dann meinem Mann zu Hilfe. Die unausgesprochene Aufforderung, Kaffee herzustellen, stand fast vorwurfsvoll im Raum, und während ich die alte Pavoni-Espressomaschine in Gang setzte und geschirrliche Vorbereitungen traf, nahm Marion in der Küche Platz und begann, ihre Einkaufserlebnisse in Echtzeit zu referieren.

Ich packte mal wieder meine Qualitäten als Placebo-Zuhörerin aus und freute mich über die einsetzenden Zischlaute der Maschine, die den majestätischen Redefluss in meinem Rücken dämpften. Ich schaltete zusätzlich die phonstarke Kaffeemühle ein und ließ den Milchaufschäumer fauchen, in der Hoffnung, etwas Ruhe zu finden. Doch Marion übertönte das Kaffeeinferno mühelos mit dem Satz: »Und also haben wir gefunden, es wäre nun durchaus an der Zeit für einen sexuellen Tapetenwechsel.«

Man weiß ja, dass Bewegungen oft erfolgen, bevor die entsprechende zerebrale Schaltzentrale überhaupt »Action« gerufen hat, was den freien Willen in merkwürdigem Licht erscheinen lässt, jedenfalls riss es mir den Kopf in Richtung Marion herum, wo er auch blieb, als ich ihn wieder dahin bewegen wollte, wo er herkam. Ein Nerv war eingeklemmt, ein Muskel hatte dichtgemacht, was auch immer, der Hals hatte schon mal mit Pausemachen angefangen. Zum Glück war der Stimmapparat unversehrt geblieben, sodass mein Wehklagen bald im ganzen Wohnblock widerhallte. Alarmiert erschienen die beiden Männer in der Küche mit einem einstimmigen »Is denn los, wolltet ihr nicht Kaffee kochen?«.

Mit vereinten Kräften schaffte man mich zu einem Chiropraktiker, der mich nicht nur in drei Sitzungen heilte, sondern auch sehr ordentlich tapezierte.

TENNIS

»Hier wären dann die Spindschlüssel, wenn ihr euch umziehen wollt«, sagte die lebhafte junge Dame mit den kurzen, hochgegelten dunklen Strubbelhaaren und den roten und blauen Strähnchen.

»Danke, nein, das brauchen wir nicht«, gab Holger zurück, nicht ohne einen Moment lang daran zu denken, dass der Rezeptionistin sicher nicht auffallen würde, dass »das« sich auf »das Umziehen« bezog und nicht auf die Spindschlüssel, denn dann hätte es »die« heißen müssen, möglicherweise auch »den«, wenn man den einzelnen Schlüssel meint, den jeder von ihnen bekommen hätte. Aber nie hätten er und Ingrid in der Tennishalle oder Wellness-Oase, wie der Komplex jetzt hieß, die Umkleideräume oder gar Duschen in Anspruch genommen.

»Da ist der Fußpilz quasi vorprogrammiert«, hatte Ingrid gesagt.

»Programmiert reicht, Liebes«, hatte Holger sie sanft ermahnt, »vorprogrammieren ist ein Pleonasmus oder, wie du es ausdrücken würdest, doppelt gemoppelt.«

Holger war Lehrer, und zwar rund um die Uhr. Als er von Berlin weggezogen war, um in der Provinz eine Stelle als Studienrat für Deutsch und Philosophie anzunehmen, hatte er es nicht der besseren Bezahlung wegen getan, sondern um Ingrid nahe zu sein, der Friseurin.

Sie wurde seine Muse, er ihr Mentor. »Ich Higgins, du

Eliza«, dachte er manchmal, wenn er sich mit etwas zu viel Cabernet/Merlot, vorzugsweise aus Südaustralien, in die Hipster-Umlaufbahn geschossen hatte. Diesen sprachlich bedenklichen, aber flott wirkenden Ausspruch hatte er mal in einer Zeitschrift für junge Leute aufgeschnappt und benutzte ihn, wo es ging.

»Wie ist es mit dem Licht, machen Sie das an, oder gibt es Münzautomaten auf dem Platz?«, fragte Ingrid, die sich für die praktischen Seiten ihres gemeinsamen Lebens zuständig fühlte.

»Das mach ich euch an, und dann kriege ich 17 Euro, ihr habt Platz 7, das ist der hinterste. Okay, 20, drei zurück. Jutifein, dann viel Spaß.«

»Jutifein, hast du das gehört, Ingrid, was war das denn bitte?«, fragte Holger, als sie außer Hörweite waren.

»Na eine persönliche Variation von gut und fein, viele sagen nur juti, und jutifein ist noch mal eine neue Version, praktisch ein Upgrade.«

»Sehr gut, Ingrid, man nennt es korrekt eine mündliche Redevariation, aber es hat natürlich in unserem Sprachschatz nichts zu suchen, denn machen wir uns nichts vor, derlei ist ein sicherer Unterschichtsindikator«, sagte Holger und schaute seine Frau und Elevin mahnend an.

Beim Betreten der Halle kamen ihnen zwei junge Männer entgegen, die mit offenem Mund Kaugummi kauten, was Holger auf den Tod nicht ausstehen konnte. Einer von ihnen schien Ingrid zu kennen, denn er hob den Arm zum Gruß und lachte sie an.

»Hey Mann, Inge-Baby, was geht, alles fit im Schritt? Wir machen gerade den Abpfiff, hömma, kannst du mir bis morgen bisschen Sackgeld rüberschieben? Wir wollen noch in den Asi-Toaster, aber dieser Denkzwerg hier«, er deutete auf seinen Kollegen, »hat die Kohle im Schlampenschlepper vergessen, und der steht 30 Meilen von hier.«

Als Ingrid den Mund öffnete, um zu antworten, war es Holger, als höre er eine Wildfremde sprechen, oder besser gesagt: Vokal- und Konsonantenfolgen absondern, also bloße Phoneme, die keinerlei semantische Relevanz für ihn besaßen.

»Sorry, Schnullebacke, ich kriege sowieso noch 20 Öcken von dir, und von wegen Schlampenschlepper lach ich doch, wann hast du das letzte Mal ne Uschi auf den Turm geschleppt zum Aalwässern, vor der Wende oder was?«

Die Miene des jungen Mannes hellte sich auf, er verstand Ingrid offenbar und verfiel seinerseits in eine fremd klingende Mundart: »Isch fick die erste Reihe bei deine Beerdigung, Alder, isch schwör, und deim Beschäler schteck isch sein Kopf in sein Hals, doofe Tuss, du, escht, gib mir fünf!«

Dann strahlten sich die beiden an, klatschten sich in Kopfhöhe ab, und Ingrid sagte zu Holger: »Hasse ma'n Zwanni?«

Holger wandte den Blick gen Himmel und seufzte: »Wenn dies am grünen Holz geschieht, was mag am dürren werden?«, kramte einen 20-Euro-Schein aus seinem Brustbeutel und reichte ihn Ingrid, die ihn an den bildungsfernen juvenilen Prekariatsangehörigen weiterreichte.

»Voll fett, Alde! Du rockst total! Gedankt!«

Mit fast brechenden Augen sah Holger die Frau an, deren geistiger Erhöhung er sein Leben zu weihen einst beschlossen hatte, offenbar ein schwerer Fehler.

»Und nun zu dir, du Sülzkopp«, zwitscherte Ingrid, »der Spruch vom grünen Holz bezieht sich nicht auf den Gegensatz von Jung und Alt, sondern von Gerechten und Sündern, hat mir mal ein Pfarrer erklärt, mit dem ich was hatte. Aber schön, dass du dir um Tobys Zukunft Sorgen machst!«

»Und was verbindet dich mit diesem Menschen?«

»Lass es mich dir mit einem weltlichen, du würdest sicher sagen: säkularen Sprichwort erklären: Dumm fickt gut.«

TERMINARBEIT

»Moin, wie geht's?«, flötete Gerda, als ich ins Büro kam.
»Boh, ich bin fix und fertig! Ich steck bis zum Hals in sexuellen Fantasien.«

»Wohl lange nicht gevögelt, was?«

»Du sagst es, weiße Feder.«

»Das ist hart, aber du weißt schon, wir müssen die Statistiken bis heute Nachmittag fertigstellen, sonst dreht der Alte frei. Soll ich dir schnell einen runterholen?«

»Ne, lass mal, danke, aber hast du vielleicht was zu essen für mich?«

Prompt kam die Frühstücksbox geflogen.

»Wann hast du denn den letzten Happen eingeworfen?«

»War schon drei Tage nicht mehr in der Küche, zu voll mit erotischen Anspielungen. All diese Reiben, Pressen, Stampfer.«

»Mann, du bist echt krank! Hast du wenigstens geschlafen?«

»Kaum, bin dauernd wegen der feuchten Träume wach geworden.«

»Himmel«, stöhnte Gerda und riss das Fenster sperrangelweit auf.

»Gut, dass wir es jetzt nur mit trockenen Zahlen zu tun haben. Konzentrier dich! Du beginnst jetzt am besten mit den reinen Tabellenkalkulationen, ich mache die Konzep-

tion und übernehme, wenn du fertig bist, die Kurven-
und Tortendiagramme.«

Als ich die entsprechende Excel-Datei öffnete, musste
ich an meine Exfreundin Ellen denken, die nur kam, wenn
ich mit ihr Szenen der Weltliteratur nachstellte, am liebsten mochte sie die Nummer mit der Brause im Bauchnabel aus der »Blechtrommel«. Das war ja auch ganz lustig,
aber ich kriegte immer ein schreckliches Sodbrennen von
dem Zeug. Im Sommer musste ich immer einen Scheiter-
haufen im Garten bauen und sie als Jeanne d'Arc drauf-
stellen, das machte sie richtig heiß, dann begnadigte ich
sie schnell, und aus Dankbarkeit ließ sie mich dann ...

»Sag mal, träumst du oder was, und dann noch mit
so einem dämlichen Grinsen, nimm dir jetzt endlich die
Scheißtabellen vor, ich kann doch nicht alles alleine machen«, tobte Gerda. Warum hatte ich eigentlich noch
nicht mit ihr geschlafen? Sie war zwar ein bisschen pummelig, aber auf eine sehr anziehende Art, und sie mochte
Sex, daran ließ sie keinen Zweifel aufkommen, und Unterwäsche trug sie auch nicht.

»Du, Gerda, was machst du heute Abend?«

Sechs Stunden später schob sie mir unter dem Restau-
ranttisch ihren Fuß zwischen die Beine. Nichts, aber auch
gar nichts auf der Welt macht mich mehr an als ein feuch-
ter Frauenfuß, dem der kleine Zeh fehlt, wie eine rasche
Zählung ergab. Ich öffnete die Hose, ließ den Wanders-
mann ein sozusagen, und sobald der feuchtkalte entstellte
Fuß mein zum Bersten gestrafftes Glied berührte – ich
hatte natürlich in Erwartung der Dinge auf einen Slip verzichtet –, explodierte ich stöhnend. Der Kellner registrierte es mit einem langen wissenden Blick.

»Gerda«, presste ich hervor, »wie bist du des Zehs verlustig gegangen?«

»Auf die gleiche Weise«, sagte sie grinsend und warf mir ein Päckchen Papiertaschentücher auf den Vorspeisenteller, »ich hatte nur Herrchens Rottweiler unterm Tisch vergessen.«

Ich starrte sie erschrocken an.

»Seitdem bin ich der Meinung, Hunde haben in Restaurants nichts verloren, nicht wahr«, wandte sie sich an den Kellner, der am Beistelltischchen werkelte, und öffnete ihren mintfarbenen Blazer, der bereitwillig ihre kleinen festen Hupen mit den stark erigierten Nippeln freigab.

»Naturlisch«, antwortete der offenbar aus dem Mittelmeerraum stammende Kellner scheinbar ungerührt, aber man sah, wie ihm eng im Schritt wurde…

»Wie möchten Sie Ihr Steak?«

»Schnell und blutig! Du auch?«

Gerda schaute mich herausfordernd an und zog ihren Fuß aus meiner Jugendherberge. Ich nickte abwesend, denn ich musste unausgesetzt an Trompetenmundstücke denken. Gerda flirtete inzwischen schamlos mit dem Brutzelkellner, was diesen so irritierte, dass er beim Flambieren ein Mehrfaches der erforderlichen Menge an Grappa in die Kelle goss, anzündete und derart schwungvoll über die Steaks in ihrer Rotweinreduktion schüttete, dass die Stichflamme fast einen Meter hochschoss, ihm die Brauen absengte, seine Serviette über dem Arm in Brand setzte, woraufhin er in seiner Panik die Pfanne samt Rechaud umriss, sodass der ganze Beistelltisch in hellen Flammen stand. Gerda schrie wie am Spieß, ich schnappte mir den

Sektkühler und leerte ihn mit Schwung über den Flammen aus. Wenige Minuten später saßen wir im hurtig eingedeckten Separee, der Geschäftsführer gab zu verstehen, dass wir seine Gäste seien, das wäre ja wohl das Mindeste, nachdem ich verhindert hätte, dass sein Sternelokal ein Raub der Flammen wurde, und was wir denn essen wollten.

»Bloß nichts Flambiertes«, beeilte ich mich zu sagen und genoss wenig später den vorzüglichen Hummer Thermidor, der auch mit dem Jahrgangschampagner aufs Possierlichste harmonierte.

»Gar nicht schlecht für einen Neunjährigen, da gebe ich doch glatt eine Zwei«, dachte der Lehrer und nahm den nächsten Aufsatz zum Thema »Wie ich mir meinen späteren Berufsalltag vorstelle« vom Stapel.

THEO, SCHWER VERMITTELBAR

Im Alter von 13 Jahren hatte Theo zum ersten Mal das Gefühl, dass etwas nicht stimmte. Er kam vom Ballettunterricht nach Hause, sah seinen Vater vor einem Blatt Papier sitzen und fragte: »Was tust du, Papatschi?«

»Nichts, ich schreibe nur etwas ins Unreine.« Damit stand der Vater auf, nahm das Blatt, knüllte es zusammen und steckte es in die Tasche. Wenig später verließ er das Haus.

Theo war ein wenig sonderbar, aber nicht blöd. So wusste er, dass man eine Schrift, die sich auf ein als Unterlage dienendes Blatt durchgedrückt hatte, sichtbar machen kann, indem man mit Kohle oder schräg gehaltenem Bleistift darübergeht. Und so las er wenig später: »Aufgeweckter Dreizehnjähriger unentgeltlich an nervenstarke Pflegefamilie abzugeben.«

Aha, es ist wieder so weit, dachte Theo, jetzt nur nicht die Nerven verlieren. Er holte sich ein Alcopop aus dem Kühlschrank, ging auf sein Zimmer und drehte sich erst mal einen Joint. Nach einigen Zügen legte er sich aufs Bett und schaute auf den blühenden Kirschbaum vor seinem Fenster. Seit Mama in der Klinik ist, ist der Alte immer schlimmer geworden, dachte er, aber das liegt nur an ihm. Ich verhalte mich absolut korrekt, und er will den eigenen Sohn verscherbeln. Theo zog ein Schulheft unter dem Kopfkissen hervor und begann zu schreiben:

»Liebe Mamatschi,
Papatschi, oder Tollpapatschi, wie ich ihn heim-
lich nenne, hat heute sein wahres Gesicht gezeigt, die
Fratze des Hasses auf seinen eigenen und vor allem
Deinen geliebten Sohn. Er sucht eine Pflegefamilie für
mich, also Leute, die so bescheuert sind wie er. Wahr-
scheinlich setzt er die Annonce in die Bäckerblume
oder das Mitteilungsblatt seines Briefmarken-Vereins.
Wir lesen in der Schule gerade die Sage von Ödipus,
der seinen Vater erschlägt und seine Mutter heiratet. Ist
das nicht ein Zufall? Aber mach Dir keine Sorgen, ich
pass auf ihn auf, bis Du aus Deinen mentalen Ferien
zurück bist.

Bis bald, Dein Dich abgöttisch
liebender Sohn Theo,
der Dich sooooooo vermisst.«

Theo riss die Seite aus dem Heft und adressierte einen Briefumschlag.

Zur selben Zeit saß sein Vater in einem Café und schrieb:

»Liebe Amelie,
ich hoffe, es geht Dir den Umständen entsprechend gut.
Bei uns läuft es nicht so toll, ich will Dich nicht un-
nötig beunruhigen, aber Dein Sohn entwickelt sich zu
einem gewaltkriminellen, drogenabhängigen, schwu-
len Monster, was mit meiner Tätigkeit als evangeli-
scher Bischof nicht wirklich harmoniert. Die Ärzte
meinen, es dauert noch etliche Monate, bis Du wieder
nach Hause kommst, so eine Schizophrenie, wo man

plötzlich zu viert ist im Oberstübchen, das man vor-
her allein bewohnte, ist ja kein Pappenstiel. Ich dachte,
ich parke Theo in einer Pflegefamilie, bis Du wieder
auf dem Damm bist, wie findest Du das, oder besser
gesagt, wie findet Ihr vier das? Die Alternative wäre
ein Internat, aber ich habe ehrlich gesagt keine Lust,
für Deinen Kotzbrocken drei große Zettel im Monat
zu verbrennen.

Haltet die acht Ohren steif,
liebe Grüße, Euer Ernst«

Theo nahm das Fahrrad, um noch vor der Leerung seinen Brief einzuwerfen. Von Weitem erkannte er seinen Vater auf dem Gehweg und lenkte das Rad kurz entschlossen hinter ein Bushaltestellenhäuschen. Unbemerkt beobachtete er, wie sein Vater einen Brief in den Postkasten warf, zum gegenüberliegenden Marktplatz ging, in ein Taxi stieg und davonfuhr.

Theo wartete, bis das Postauto vorfuhr. Die Briefe fielen gerade in die Ledertasche des Servicemanns, da raste Theo in ihn hinein. Die Schimpfkanonaden des Postlers erstarben, als Theo ihm weinend den gerissenen Bremszug zeigte. Zum Glück war bei beider Sturz nicht viel passiert, wenn man einmal davon absah, dass Theo den Brief seines Vaters unbemerkt mit dem eigenen ausgetauscht hatte.

Zurück zu Hause, fuhr er Vaters Computer hoch, öffnete vorsichtig den Umschlag, las den Brief und scannte ihn ein. Nach zwei Stunden intensiver Arbeit in einem Bildbearbeitungsprogramm hatte er die Worte seines Vaters neu zusammengefügt. In der untersten Schreibtischschublade fand er das handgeschöpfte Briefpapier, das sein

Vater für die private Korrespondenz zu verwenden pflegte, steckte ein Blatt in den Drucker und ließ sich den Brief in zartem Grau ausdrucken. Mit dem Füller zog er sorgfältig die Linien auf dem Papier nach. Das Ergebnis sah absolut echt aus.

Cool, dachte er, der geht gleich in die Post, dann löschte er die verräterischen Dateien im Computer, und bevor er den Brief wieder in den Umschlag steckte, las er ihn sich noch einmal laut vor:

»Liebe Amelie,
ich hoffe, es geht Dir gut und Du kommst bald nach Hause. Bei uns läuft es jetzt toll. Ich habe eingesehen, dass ich Theo oft sehr ungerecht behandelt habe. Nun kümmert er sich rührend um mich, sodass ich endlich die Kraft gefunden habe, der Sucht den Rücken zu kehren und zu meiner Homosexualität zu stehen. Ich bedaure zutiefst, Dein Oberstübchen dermaßen strapaziert und durcheinandergebracht zu haben. Verzeih! Es war eine harte Zeit, und erst heute, mit einigem Abstand, begreife ich, dass es für Dich weiß Gott kein Pappenstiel war, mit einem gewalttätigen, drogenabhängigen und schwulen Monster wie mir, dazu noch evangelischem Bischof, zusammenzuleben. Sobald Du wieder auf dem Damm bist, überlasse ich Dir das Haus und ziehe aus. Das wird die beste Lösung sein. Ich denke, mit drei großen Zetteln im Monat kommt Ihr finanziell gut hin?

Halte die Ohren steif,
liebe Grüße, Dein Ernst«

THERAPIE

Wolf Grohlmann saß im Foyer des Savoy-Hotels.

»Donnerwetter«, dachte er und schmeckte dem ersten Satz noch einmal nach, »von acht Wörtern nur drei ohne ›O‹, das ist ein guter Schnitt!«

Womöglich hatte Wolfs O-Philie etwas mit seinem Namen zu tun, das hätte eine Psychoanalyse vielleicht ergeben, aber mit so altmodischem Kram gab sich der jüngste Sohn des Schrottgroßhändlers Horst Grohlmann nicht ab. Seit er sich beim Tode des Alten seinen Firmenanteil hatte auszahlen lassen, pflegte er ein ganz besonderes Hobby: vorauseilende Analyse. Er setzte sich irgendwohin, wo es Menschen gab, guckte sich einen aus und skizzierte auf zwei, drei Seiten eine gemeinsame Zukunft. Jeder dieser Berichte begann mit: »Wolf Grohlmann saß, lag, hing, steckte oder befand sich sonst wo« und dann eine Ortsangabe, alles mit so viel Os wie möglich. Sein Blick fiel auf die Drehtür, durch die gerade jemand hereinkam, und Wolf dachte nur: »Oh Gott! Die sieht ja aus wie ...«, und er griff zum boli, wie in Spanien der Kuli heißt, und schrieb:

»Wolf Grohlmann hockte auf dem Hausboot seines Kollegen Kolja, der hier und heute seinen 50. Geburtstag beging, und opferte Neptun eine viel zu hastig absorbierte 5-fache Geneverrunde, als gerade mit großem Hallo das verspätete Kommen von Koljas Freundin Olga gefeiert wurde. Sie kam ihm bekannt vor, aber dass es tatsächlich Olga Orlowski, die ungekrönte polnische Pornoqueen war, hätte er Kolja gar nicht zugetraut. Noch viel weniger hätte er jemals angenommen, dass sie vom ersten Blickkontakt an nur noch Augen für ihn haben würde. Sie nutzte volle Knolle ihre exorbitante erotische Ausstrahlung, um ihn zum Kochen zu bringen, und schon eine Stunde später, als draußen 50 Böllerschüsse das pyrotechnische Geburtstagsbombardement eröffneten, hatte sie in der Dusche hinter einem roten Vorhang seine Körpertemperatur in eine Höhe getrieben, die zum Stahlkochen ausgereicht hätte. Sie beschlossen noch in der Nacht ihre baldige Hochzeit in Las Vegas, Wolf wurde ihr Produzent, doch die ersten drei Pornos foppten total, weil kein Pornokonsument Elemente des Film noir oder lange Monologe über den Tod oder obskure Dämonen braucht. Mit der geschäftlichen Fortune verflog auch die körperliche Anziehung. Wolf meinte, wenn er ihre Brüste ohne große Begeisterung knetete, das Silikon quietschen zu hören. Olga ihrerseits offenbarte ihm, dass er sie noch nie zum Orgasmus gebracht hätte, ohrfeigte ihn auch mehrfach öffentlich aus nichtigem Anlass, griff bei der Scheidung ordentlich ab und verschwand aus seinem Leben.«

Seufzend sah Wolf von seinem Schreibblock auf und ließ zufrieden den boli sinken. 76 Os und 8 Ös hatte er im Kopf mitgezählt, das war top. Er hatte sich eine Belohnung verdient und ging ins fast voll besetzte Hotelrestaurant. Beim Oberkellner orderte er eine heiße Schokolade, und während er darüber nachdachte, ob er nicht auf 100

Os kommen könnte, wenn er Olga – statt sich von ihr scheiden zu lassen – erst in Ohnmacht, dann ins Koma fallen ließe, ins Hospital brächte und mit dem zuständigen Oberarzt Dr. Oliver Oschmann eine homosexuelle Beziehung voller Obszönitäten einginge, kam der Ober mit der Schokolade und fragte ihn, ob er etwas dagegen hätte, wenn sich ein weiterer Gast zu ihm setzen würde. Er verneinte und schaute sich um. Langsam rollte eine attraktive Frau im Rollstuhl auf seinen Tisch zu. Ihre lockigen blonden Haare waren zu einem Zopf gebunden, der Pony verdeckte eine hohe Stirn über dem oval geschnittenen Gesicht, und sie trug einen rostroten Wollpullover zum orangefarbenen Rock. Wolf sprang auf und wollte den überflüssigen Stuhl entfernen, doch der Ober war ihm zuvorgekommen.

»Machen Sie sich keine Umstände, es geht schon«, sagte sie mit holländischem Akzent und lächelte ihm zu.

Seine Gedanken überschlugen sich. Was für ein sensationeller Stoff! Er, Wolf Grohlmann, hatte am Volant des Volvo gesessen, mit dem sie frontal gegen den Opel Corsa gedonnert waren, bevor sie die Böschung hinunterpolterten. Seine Verlobte, Eleonore, kam mit dem Leben davon, aber ohne gehen zu können; Wolf pflegte sie aufopferungsvoll.

»Manchmal geht mir diese O-Obsession ordentlich auf den Sack«, dachte er wörtlich, bevor sie ihn ansprach:

»Darf ich mich vorstellen: Anna van Malthuisen aus Arnheim.«

Wolf lächelte, wie von einer großen Last befreit.

»Das ist ja fantastisch«, dachte er und hörte sich sagen:

»Sehr angenehm, Ralf Rattmann aus Aachen.«

TOTAL GLOBAL

»Was soll ich denn heut mal kochen, Schatz?«

»Egal; alles, was du machst, ist lecker.«

»Aber ich möchte mal was Besonderes kochen!«

»Dann mach das doch, ich werde hier sein und es essen.«

»Wenn dir das egal ist, dann hab ich schon keine Lust mehr.«

»Es ist mir nicht egal, ich habe einfach unbegrenztes Zutrauen in deine Kochkünste.«

»Aber ich würde mich freuen, wenn du dich mal dafür interessierst!«

»Was meinst du damit?«

»Du könntest mal mit einem Rezept kommen und sagen, das hätte ich gerne!«

»Wo soll ich denn ein Rezept hernehmen, ich baue weltweit Call-in-Center auf, meinst du, ich rede mit den Kunden über Rezepte?«

»Nun werd doch nicht albern, überall stehen Rezepte in der Zeitung.«

»Nicht im Kicker.«

»Aber hier in der ›Bild am Sonntag‹ z. B.: Schmorgurken süßsauer, ein altes ostpreußisches Rezept, Schmorgurken, Fleischbrühe, Tomaten, Speck, Piment, Zucker, Essig, Lorbeer, klingt das nicht toll?«

»Ja.«

»Und was möchtest du dazu haben?«

»Weiß nicht, Frühlingsrollen vielleicht?«

»Chinesische Frühlingsrollen zu ostpreußischen Schmor-gurken? Die Herkunftsländer dieser Gerichte liegen doch bestimmt 5000 Kilometer auseinander, das passt doch nicht!«

»Wieso, die Chinesen kochen doch auch gern süßsauer. Und möglicherweise ist das Schmorgurken-Rezept ur-sprünglich aus China zu uns rübergekommen. Und über-haupt ist das total in, das nennt man Cross-over-Küche.«

»Na dann packen wir doch gleich noch ein Pfeffersteak aus argentinischem Rindfleisch zu der Gurke, das sind dann noch mal ungefähr 10 000 Kilometer auf dem Tel-ler.«

»Jau, das find ich echt total global.«

»Und ein Pfirsich-Chutney aus Mauritius würde die Sa-che auf 20 000 Kilometer abrunden!«

»Schatz, weißt du, dass das eine ganz tolle Idee für eine Fernsehshow ist? Ich seh es schon vor mir: Die kulinari-sche Rallye mit Alfons Dolezal, oder vielleicht: Weit essen mit Alfons Dolezal, wie findest du das?«

»Na ja, Alfons Dolezal klingt nicht gerade cool für einen Fernsehmoderator!«

»Kai Pflaume auch nicht, das ist heutzutage kein Hin-derungsgrund für eine Karriere.«

»Aber die Namen für die Show sind auch doof, wie fin-dest du: Die Tellerrallye mit Wiebke Abendroth-Dolezal? Oder noch besser: Die Leckerbissenrallye miles and more mit Wiebke Abendroth-Dolezal?«

»Ach, jetzt willst du die Show machen, ist ja interessant. Darf ich dich daran erinnern, dass sie meine Idee war?

Und Dolezal klingt uncool, Abendroth-Dolezal groovt aber, ja? Und miles and more ist ein Trostpreisprogramm für debile Vielflieger, kein Titel für ein TV-Event, das in alle Länder der Erde verkauft wird!«

»Vielleicht machen wir erst mal das Konzept fertig, bevor wir uns über Titel und Moderator streiten, also ich stell mir das so vor: Einmal um die Erde sind 40 000 km, und wer mit seinem Menü am nächsten dran ist, hat gewonnen.«

»Und wer soll das beurteilen?«

»Na eine Jury aus Ernährungsspezialisten, die ich als Erstes vorstelle und die das vor Ort recherchieren!«

»So'n Quatsch! Das geht doch gar nicht! Fängt schon bei den Nudeln an. Die reklamieren die Italiener für sich, dabei soll Marco Polo sie aus China mitgebracht haben. Oder Chopsuey: Der Laie denkt, es ist ein chinesisches Gericht, dabei wurde es in Amerika für den amerikanischen Geschmack entwickelt!«

»Aber von Chinesen!«

»Selbst wenn, welche Entfernung zählt denn dann? Die von Köln, wo die ›Dolezals Distance-Dinner-Show‹ aufgezeichnet wird, bis New York, wo, wie manche glauben, der chinesische Botschafter das Gericht 1876 kreierte, oder bis San Francisco, wo es nach anderen Quellen herkommt?«

»Das ist doch alles Quatsch. Ich sag dir jetzt, wie ›Koch dich einmal um die Welt‹ mit Wiebke Abendroth funktioniert: Es wird vorher festgelegt, welche Zutat woher kommt, und das ergibt 40 000 km. Und alle müssen verwendet werden. Sind natürlich bei jeder Show andere Zutaten, sonst wird es ja langweilig. Diese Zutaten hat jeder der drei Hobby- oder Profiköche zur Verfügung, und die

Jury besteht aus bekannten Feinschmeckern und Gastro-kritikern, und die Rezepte, die da gewinnen, bringe ich natürlich als Kochbuch raus: ›Wiebkes World-Watchers Kochbuch‹, toll, oder?«

»Ach so läuft der Hase. Von mir, Alfons Dolezal, dem eigentlichen Erfinder dieser großartigen Idee, ist über-haupt keine Rede mehr. Das könnte dir so passen, was bist du doch für ein egomanes Luder, genau wie deine Mutter. ›Wiebkes World-Watchers Kochbuch‹ ist absolut indisku-tabel, das ist viel zu nahe an Weight-Watchers, die prozes-sieren uns doch in Grund und Boden, erst recht, wenn sie dich sehen.«

»Lass meine Mutter aus dem Spiel! Und über meine Fi-gur musst du gerade lästern, wer findet denn nicht mal mehr im Übergrößenladen Klamotten, deswegen kannst du dir die Fernsehshow von vornherein abschminken, wer will denn eine Kochshow mit einem praktisch quadrati-schen Moderator sehen?«

»Ja, super, meine Liebe, lass es nur raus, ich habe immer gewusst, dass du mich nicht aus Liebe geheiratet hast, son-dern nur wegen meiner Position, meiner Kontakte zu inte-ressanten Leuten, meiner Kohle, meinem Intellekt, meiner umfassenden Bildung, meinen vielen Interessen!«

»Bist du ganz sicher, dass du keine deiner Super-Duper-Eigenschaften vergessen hast?«

»Wie? Nein, im Wesentlichen war es das, denke ich, reicht ja wohl für mindestens drei Durchschnittstypen.«

»Ich dachte schon, da kämen noch deine Leistungen im Bett, quasi als Höhepunkt, da hätte ich mich dann kurz in der Sitzgruppe festgekrallt, wegen des Lachkrampfes!«

»Na, festkrallen tust du dich ja mehr in meiner Brustbehaarung beim Orgasmus und heulst dazu wie ein verlassenes Robbenbaby.«

»Bist du ganz sicher, dass du mich nicht mit deiner Sekretärin verwechselst?«

»Aber nein, Schatz, die Iris kommt ganz anders…«

»Danke, sehr schön, das reicht uns«, rief der Regisseur, »Sie hören dann von uns. Schickt mir die beiden Nächsten rein, bitte! Aha, da sind sie schon. Von Ihnen hätte ich gern eine dialogische Improvisation mit dem Titel: Die beiden einzigen Überlebenden eines Flugzeugabsturzes haben sich auf eine einsame Insel gerettet, er spricht nur Englisch, sie nur Deutsch, und bitte!«

In der letzten Reihe des kleinen Theaters, in dem das Casting für die geplante Impro-Serie stattfand, grinste der Redakteur des Privatsenders zufrieden in sich hinein und dachte: »Diese Impro-Kacke lockt ja niemanden mehr hinterm Ofen vor, aber die Idee zu der Kochshow, die die beiden da skizziert haben, könnte der Hammer werden.«

ZIRKUS

Dolf Bogendreher und seine Frau Hildegard waren auf dem Heimweg vom Einkaufen.

»Guck mal«, rief Hildegard, »da ist ein Zirkus auf dem Platz da, bauen die gerade auf oder ab?«

»Die bauen auf, Schatz«, gab Dolf zurück, ohne hinzusehen, denn als verantwortungsbewusster Fahrer wusste er natürlich, welche Folgen schon die kleinste Unachtsamkeit im Straßenverkehr haben kann: ein Kind, das plötzlich zwischen zwei parkenden Autos hervorspringt, weil sein Ball auf die Straße gerollt ist, oder...

»Woher willst du das denn wissen, dass die aufbauen und nicht abbauen?«

»Weil sie gestern noch nicht da waren«, gab Dolf in diesem Tonfall zurück, von dem er hätte wissen können, dass er seine Frau rasend machte, wenn er sich dafür interessiert hätte. »Möchtest du, dass wir uns eine Vorstellung ansehen, dann besorge ich Karten.«

»Ja, dazu hätte ich Lust, wenn du mir versprichst, dass du mich in Ruhe gucken lässt und mir nicht wieder alles erklärst.«

»Wenn du mir nicht ununterbrochen Fragen stellen würdest, Hilde, bräuchte ich dir auch nichts zu erklären«, erwiderte Dolf, der gerade schwer an einem emotionalen Dilemma trug. Genoss er die eigene intellektuelle Überlegenheit, oder litt er mehr an der geistigen Insuffizienz seiner Partnerin? Schwer zu sagen. »Je nach Frage, Liebes, ist eine Antwort eben oft automatisch eine Erklärung.«

»Wenn ich dich nichts frage, sprichst du ja gar nicht mehr mit mir«, beklagte sich Hildegard in diesem Tonfall, der ihn das Steuerrad fester umgreifen ließ.

»Also möchtest du nun in den Zirkus oder nicht?«

»Ja sicher, sagte ich doch gerade, aber vorher habe ich noch eine Frage.«

In diesem Augenblick befahl das Navigationsgerät, in 400 Metern rechts abzubiegen.

»Warum hast du eigentlich ein Navi mit weiblicher Stimme gekauft?«

Dolf schaute auf das Display und imaginierte kurz einen Kettensägen-Massaker-Film mit seiner Frau in der weiblichen Opferrolle auf dem Bildschirm.

»Wenn du die Gebrauchsanweisung lesen würdest, könntest du ihn auf männliche Stimme umstellen.«

»Wo ist die denn?«, fragte Hildegard und kramte in der Ablage.

»Herrgottnochmal, rechts im Türfach, wo sie hingehört«, blaffte Dolf und langte mit der rechten Hand über den Schoß seiner Frau hinweg, um nach dem Heft zu greifen. In diesem Moment tat es einen mörderischen Schlag, die beiden Insassen wurden sich schmerzhaft der Tatsache bewusst, dass sie vorschriftsmäßig angeschnallt waren, und genossen einen Lidschlag später die begrenzte Aussicht, die ein Airbag nun mal bietet.

»Bist du einem reingefahren?«, ließ sich Hildegards relativ unbekümmert klingende Stimme vernehmen.

»Nein, Schatz, eine Zugmaschine mit einem Zirkuswagen dran hat mir die Vorfahrt genommen.«

»Du meinst uns, Dolf, wir sitzen beide im selben Auto.«

»Wie du meinst, Schatz«, stöhnte ihr Mann und schnallte sich ab, um auszusteigen.

In diesem Moment wurde die Beifahrertür geöffnet, ein Typ, der aussah wie der junge Johnny Depp mit Dreitagebart, fragte im schönsten Schweizer Tonfall: »Ich hoffe, Sie sind unverletzt, oder?«

»Ich glaube ja«, sagte Hildegard und ließ sich vorsichtig aus dem Auto helfen. »Alles noch dran«, stellte sie an sich heruntersehend fest und strahlte den jungen Mann an, als wäre das einzig und allein sein Verdienst.

»Da haben wir Glück gehabt, oder?«, lachte dieser erleichtert auf.

»Von wegen Glück«, keifte Dolf dazwischen, »der Schaden ist nicht unbeträchtlich, und ich hoffe, Sie sind versichert.«

»Selbstverständlich, guter Mann, aber das regeln wir gleich, ich will nur rasch nach den Tieren hinten im Wagen sehen.«

Dolf folgte ihm auf dem Fuße.

Ein »Ach du Kacke« entfuhr dem Zirkusmenschen, was durch den Schweizer Akzent natürlich eher komisch klang. Besorgt betrachtete er die stark blutende Platzwunde über dem rechten Auge des Pferdes.

»Ah, ein Lipizzaner, prächtiges Tier, neun Jahre alt, vermute ich mal, im besten Alter, ah, sehe schon, ein Wallach, wie schade.«

»Verstehen Sie etwas von Pferden?«

»Ich bin Tierarzt, aber den Pferden gehört meine besondere Liebe. Fahren Sie den Wagen auf den Zirkusplatz, ich komme nach und klammere die Wunde, ist gar kein Problem.«

»Ach, da bin ich aber erleichtert«, strahlte ihn der Mann an, »darf ich mich vorstellen, Ricardo Involtini, ich mache die Pferdedressurnummer.«

»Wie schön«, sagte Dolf, »ich werde mir ganz sicher eine Vorstellung anschauen, d. h., wenn Sie meine Hand irgendwann wieder loslassen.«

»Ricardo Involtini, was für ein schöner Name, kein Vergleich mit Bogendreher«, schwärmte Hildegard, als sie auf den Kirmesplatz fuhren, und erntete dafür den missbilligendsten Blick, den Dolf je auf eine Frau geworfen hatte.

»Involtini sind Kalbfleisch-Rouladen, und ich nehme nicht an, dass du so heißen möchtest. Zu dir würde eher Gänsekeule passen«, gab Dolf zurück.

Hildegard blieb tief verletzt im Auto sitzen, während Dolf den Wallach verarzten ging. Sie kam auch nicht mit zur abendlichen Vorstellung, obwohl Dolf Ehrenkarten für die erste Reihe geschenkt bekommen hatte.

»Das war Vorsehung«, behauptete sie später im Kreise ihrer Kegelschwestern, »der liebe Gott wollte nicht, dass ich miterleben muss, wie mein geliebter Mann von einem wütenden Elefantenbullen zu Tode getrampelt wird.«

Die Frage, was ihr Mann mitten in der Nacht mit dem ebenfalls ums Leben gekommenen Pferdedresseur im Elefantenstall getrieben haben könnte, beschäftigte sie nicht groß.

»Keine Ahnung, vielleicht hatte der Elefant Vogelgrippe und der Zirkusmann die Schweinepest oder umgekehrt, und Dolf hat die beiden untersucht«, sagte sie leichthin.

Manchmal, wenn sie einen Batida de Coco zu viel intus hatte, stellte sie sich vor, wie das Leben weitergegangen wäre, wenn den Elefanten der Anblick zweier Menschenrüsselchen nicht so aufgewühlt hätte. Ihr Dolf wäre dann mit Ricardo zusammen, das schmerzte kurz, hörte aber sofort auf, wenn sie sich deren Gespräche vorstellte: »Ja, das Schicksal geht unergründliche Wege«, sagte Ricardo aus dem Fenster blickend zu Dolf, der die Zugmaschine ins Winterlager nach Bern steuerte. »Deswegen müssen wir uns aber nicht verfahren, schalt doch bitte das Navi ein, Ricci«, entgegnete Dolf ungeduldig, »und statt über Vorsehung zu philosophieren, solltest du dich besser wieder an deine Hausaufgaben machen, ich möchte es schließlich noch erleben, dass mein Partner das Abitur macht.« »Gern«, erwiderte Ricardo lächelnd und schlug sein Englisch-Lehrbuch wieder auf. »Sag einmal, Dolf, kann man das Navi auch auf Englisch sprechen lassen?« »Gute Idee, schau doch mal in der Gebrauchsanleitung nach.«

»Wo ist denn die?«, fragte Ricci und begann in der Ablage zu kramen. »Herrgottnochmal, Ricci, natürlich rechts im Türfach, wo sie hingehört.«

VERKEHRTE WELT

Wieso war ich mittags um 12 der einzige Badegast am Nacktbadestrand von Norderney? Vielleicht, weil es schneite. Und der Schnee blieb liegen, auch auf mir. Irgendwie erregte mich das, folglich blieb noch mehr Schnee auf mir liegen. Ob andere Männer wohl auch diese Empfindungen teilten? Schade, dass keiner da war, saßen wohl alle beim Grog im windgeschützten Strandcafé. Ich fotografierte meinen Eiszapfen, um einen hochdotierten Bilderrätselwettbewerb zu gewinnen, packte Heizdecke, Schaufel und Förmchen ein, wischte mir die Eisblumen von der Sonnenbrille und ging essen.

Der Ober servierte mir ein merkwürdig riechendes Schnitzel.

»Ist das Fleisch auch frisch?«, fragte ich ihn.

»Wenn Sie's nicht bald essen, nicht mehr«, versetzte der Mann und ging, ohne meine schlagfertige Erwiderung abzuwarten.

Ich hasse patziges Personal, also sprang ich auf, zog mit scharfem Ruck die Tischdecke vom eingedeckten Nachbartisch, ohne dass etwas umkippte, und brüllte: »Einen Schnaps für alle, die das Essen auch so scheiße finden!«

Applaus brandete auf, und als der Ober durch die Schwingtür kam, donnerte ich: »Lokalrunde, und bringen Sie mir den Koch, damit ich ihm das Schnitzel dahin schieben kann, wo es hingehört!«

Über mein Wortspiel schmunzelnd, bekam ich gar nicht mit, wie es still wurde. Ich hätte nicht vermutet, dass ein 2,14 großer Mann mit Oberarmen wie dorische Säulen den Berufswunsch Koch im Busen hegt. Türsteher, Profiringer, Rummelboxer, alles hätte mir eingeleuchtet, auch Eisengießer, Müllwerker oder Schauspieler, aber Koch? Eine schöne Stimme hatte der Mann, tief und etwas angeraut, und laut. Ich konnte also gut verstehen, wie er sagte: »Wer schiebt hier wem was wohin?«

Auf der Stelle erhob sich eine welkende Schönheit von ihrem Single-Tisch in der Ecke und rief mit Dolly-Buster-Akzent: »Ich möchte schieben, mit Dir...«, und legte mittschiffs am Küchenbullen an »...Nummer!«.

Offensichtlich durch den Jodgehalt der Luft in Verbindung mit Hochprozentigem enthemmt, begann sie dem Mann über Bizeps, Brust und Bauch zu streicheln.

»Vergiss Schnitzel – Jäger. Zeig mir Flinte!«, sprach's und griff dem Küchenpapst ans Gekröse. Der begann zu sieden wie ein Pott Kesselfleisch und wehrte sich nur schwach, als meine Retterin ihn an der Schürze in die Küche zog.

»Was ist das für eine verkehrte Welt?«, dachte ich, »da serviert dieser Killerklops vergammelte Schnitzel und darf zum Lohn noch sein Würstchen in altem Wellfleisch wärmen...«

Während ich noch so sinnierte, ließ eine Serie von Schreien aus der Küche sämtliche Scheiben zerspringen. Mir wurde kalt. Es schneite immer noch.

Ich wandte mich an einen rotnasigen Fregattenkapitän an der Bar und fragte: »Sagen Sie, welches Datum haben wir heute?«

»24. Dezember, 19.38 Uhr.«

»Danke schön«, sagte ich, »auf diese Billiguhren aus dem Kaffeegeschäft ist einfach kein Verlass.«